장콩 선생의
**우리 역사
이야기**

장콩 선생의
우리 역사 이야기

장용준 지음

1

선사시대~발해

살림Friends

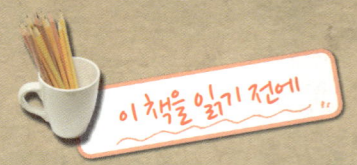
이 책을 읽기 전에

함께 역사 여행을 떠나게 되어 반가워요.
저에게 있어서 역사는 무척 재밌는 놀이터랍니다. 친구이기도 하고요.
그런데요. 대부분의 학생들은 역사와 재밌게 놀지 못하고 있어요.
왜 그럴까요? 그것은 과거 사람들의 다양한 삶을 기록하고 있는 역사를 무조건 외우려만 들기 때문이랍니다. 하지만 역사 공부는 외워서 되는 게 아닙니다.
왜 그러냐구요? 역사는 과거를 통하여 우리들의 미래 삶을 엿볼 수 있는 거울입니다. 따라서 과거 사람들의 삶 자체를 아는 게 역사 공부의 전부가 아닙니다. 지나간 과거 사람들의 삶을 현재 우리의 입장에서 되돌아보며 우리가 처한 현실과 앞으로 지향해 가야 할 미래상을 그려 보는 것이 제대로 된 역사 공부라고 할 수 있습니다.

제가 이 책의 부제를 '외우지 않아도 저절로 이해되는 신통방통 국사 캠프'로 지은 이유도 여기에 있습니다. 저는 과거 사람들의 삶과 생각을 여러분들에게 쉽게 이야기해 주면서, 현재적 관점에서 역사를 보는 힘을 길러 주고 싶었습니다. 그래서 다른 역사책에 비해 이해하기 쉬우면서도 생각거리를 던져 주는 이 책을 쓰고 엮었습니다.

콩 샘이 희망하는 것은 책의 독자가 시간 여행자가 되어 과거 속에서 신나게 뛰어노는 것입니다. 그러면서 자연스럽게 우리 선인네들의 삶과 철학을 이해하며 자신의 미래 삶을 풍족하게 만들어 갔으면 좋겠습니다.

이 책은 결코 딱딱한 역사책이 아닙니다. 그러니 동화책이다 생각하며 처음부터 술술 읽어가세요. 단, 시대 흐름만은 머리에 그리면서 책을 읽으세요. 그러면 자연스럽게 역사와 친구 할 수 있을 겁니다.

행복하세요!

우산서실(愚山書室)에서
장콩 선생

프롤로그

아빠! 역사를 왜 배워야 하나요?

장콩 선생에게 아들이 하나 있다. 이름이 동원인지라 주변에서 참치로 통하는 코흘리개이다. 하루는 이 녀석이 방바닥에 엎드려 만화 『삼국지』를 보다가 느닷없이 묻는다.

"아빠! 역사를 왜 배워야 해?"

콩 선생은 그런 아들 녀석이 하도 기특해서 넌지시 질문을 던져 본다.

"왜 배운다고 생각하니?"

참치는 한참을 생각하다가 결국,
"몰라요." 하고 만다.

역사를 왜 배워야 할까?

쉬운 질문 같아도 막상 물어보면, 대부분의 사람은 입을 열지 못하거나 겨우 대답하는 것이 "과거의 사실을 알기 위해서"이다. 그러나 단순히 과거의 사실을 알기 위해서 역사를 공부한다면, '역사' 대신 좀 더 친근감 있게 '옛이야기'라고 부르는 편이 낫지 않을까? 그러면 역사책도 훨씬 쉽게 느껴질 테니 말이다.

역사를 왜 배울까?

흔히 역사 하면 '과거'를 떠올리지만, 역사는 현재를 위한 학문, 더 나아가서 인간의 미래 삶을 위한 학문이다. 물론 역사가 과거의 사실을 바탕으로 삼는 것은 분명하다. 하지만 과거

사람들의 삶을 미주알고주알 써 놓은 역사를 공부하는 이유는 그들의 삶을 엿보며 내가 살고 있는 현재를 파악하고 이를 토대로 올바른 미래 삶을 설계하기 위해서이다. 즉, 역사는 '과거라는 거울 속에 현재를 살고 있는 인간들의 삶을 비추어, 더욱 질 높은 미래 삶을 가꿀 수 있게 도와주는 도구'라는 것이다.

여기서 질문 하나!

'과거'라는 거울이 거짓이거나 왜곡되어 있다면 어떻게 될

까? 대부분의 사람들은 외출을 하면서 자신의 현재 상태를 살피기 위해 거울을 본다. 그런데 거울이 왜곡되어 있다면 자신의 진짜 모습을 파악할 수 없게 된다. 역사 또한 마찬가지다. 과거의 사실이 정확하게 서술되어 있어야 그것에 우리의 현재 삶을 대비시켜 우리가 지향해야 할 바를 찾아낼 수 있다. 따라서 역사가는 오직 바르고 확실한 사실에 근거하여 역사를 서술해야 한다.

질문을 하나 더 던지자.

역사가는 역사를 서술할 때 과거의 사실을 있는 그대로 정확하게 서술할 수 있을까? 한 해에도 수백 권의 역사 서적이 출간되는데, 그 책 속에 있는 이야기들은 모두 진실이고 사실일까?

천부당만부당한 말씀. 역사가가 "내 책 속에 있는 이야기는 모두 사실이오."라고 정색을 하며 말해도 그 말을 전부 믿어서는 안 된다.

왜냐고? 약간만, 그것도 아주 약간만 머리를 굴려 생각해 보자. 답을 충분히 찾을 수 있다.

역사가는 과거에 일어난 모든 역사적 사실 중에서 자신이 쓰고자 하는 주제에 맞는 역사적 자료만 선택해서 역사를 써 나간다. 최대한 객관성을 유지한다고는 하나 역사가도 인간인지라, 본인의 세계관이나 이해관계 또는 관심도에 따라 자신의 주관이 들어갈 수밖에 없다.

예를 한번 들어 보자. 장콩 선생은 불교 신자이다(실제로는 아니다^^). 콩 선생이 통일신라의 역사를 책으로 발간했다. 그는 자신이 쓴 책 속에 불교를 부정적으로 써 놓았을까, 긍정적으로 써 놓았을까? 아마 모르긴 해도 긍정적인 면이 더 많을 것이다. 왜냐? 콩 선생은 불교 신자니까.

다른 예를 하나 더 들어 보자. 콩 선생은 자본주의가 인류 행복에 가장 적합한 체제라고 생각한다(실제로 꼭 그런 것만은 아니다ㅿ). 그런 콩 선생이 공산주의 역사를 서술한다면, 공산주의 체제를 무조건 좋다고만 찬양할 수 있을까? 결코 그렇지는 않을 것이다. 콩 선생은 자본주의가 가장 이상적인 체제라고 믿고 있기 때문이다.

이처럼 역사가가 객관적 사실에 입각하여 역사책을 쓴다

해도, 책 속에는 반드시 그 책을 쓴 역사가의 사상이나 생각, 성향 등이 '역사관'이란 꼬리표를 달고 반영되어 있다. 따라서 아무리 훌륭한 역사가가 쓴 역사책이라 할지라도 책을 읽을 때는 저자의 사상이나 종교, 또는 그 책이 쓰인 시대 분위기 등을 살핀 후에 최대한 비판적 시각으로 접근해야 한다. 그래야 역사책이 제대로 읽힌다.

이해가 조금 덜 된 학생을 위하여 다시 한 번 설명하겠다. 지금 읽고 있는 이 책도 비판 없이 읽으면 그건 장콩의 역사를 엿보는 것밖에 되지 않는다. 역사책 속에서 의미를 찾고 자신의 역사를 만들어 가려면, 책의 내용을 뒤집어도 보고 상상도 해 가면서 본인의 시각으로 읽어야 한다. 반드시 명심할 것!!!

자! 그럼, 충분히 그럴 수 있을 거라 믿으며, 콩 선생과 함께 타임머신을 타고 과거 속으로 신 나는 시간 여행을 떠나 보자.

출바알! 슈우우우웅! 슝! 슝!

차례

| 이 책을 읽기 전에 | 004 |
| 프롤로그 | 006 |

1 우리 땅에도 역사가 꿈틀꿈틀

지구, 인간, 역사의 시작	016
한반도에 언제부터 사람이 살았을까	024
공동생활을 해야 했던 구석기·신석기시대	030
필연 또는 우연, 농사의 시작	034
역사 그루터기 주먹도끼와 연천 전곡리 유적	038
청동기시대 청동기는 최첨단 수입품	040
청동기시대의 농기구는 석기	043
청동기와 철기시대	048
미송리식 토기	055
고조선에 관한 의문 몇 가지	059
단군 이야기를 해석하면	070
토템신앙	078
역사 그루터기 공주와 곰나루	081

2 이곳에도 나라, 저곳에도 나라

| 알에서 태어난 우리 선조들 | 084 |
| 고구려의 시조 주몽과 그의 아들들 | 090 |

신라의 건국자 박혁거세	097
석탈해는 대장장이의 자손이었대요	101
역사 그루터기 신라는 고유 왕호를 사용했다는데	109
김알지와 그의 후손들	111
잃어버린 왕국, 가야	115
역사 그루터기 철의 왕국, 가야	122
나라를 세운 사람들의 이야기는 왜 과장되었을까	124

3 땅따먹기 전쟁의 승자들

땅따먹기의 챔피언 광개토대왕	128
역사 그루터기 시호, 묘호, 연호	134
고구려인의 천하관이 나타난 광개토대왕릉비	137
중원고구려비와 장수왕	141
역사 그루터기 비석지사 새옹지마	147
진흥왕과 단양적성비	150
바보 온달에 관한 몇 가지 의문	157
살수대첩의 영웅 '을지문덕'	163
시대에 따라 평가가 다른 연개소문	173
백제의 멸망을 예고한 이야기	178
삼천궁녀가 꽃처럼 떨어진 바위	182
백제와 고구려의 멸망이 주는 교훈	189

4 열정과 신념으로
똘똘 뭉친 사람들

신라에만 여왕이 있는 이유	196
스토커 지귀의 불타는 사랑	203
김춘추와 김유신	208
김유신 집안의 사랑 이야기	211
역사 그루터기 김유신과 천관녀의 무너진 사랑탑	218
선덕여왕을 빛낸 세 가지 예언	220
두 젊은이의 굳은 맹세, 임신서기석	225
신라인들도 골치 아팠던 군대 문제	228
흰 피 흘리며 죽어 간 이차돈	234
영원한 자유인 원효 대사	241
의상 대사와 화엄사상	249
역사 그루터기 중국 여인 선묘가 용이 된 까닭	254

5 천 년의 미소, 천 년의 향기

불국사와 석굴암 창건 설화	258
천 년의 향기, 불국사를 만나다	265
역사 그루터기 석가탑은 그림자가 없다는데	272
클릭! 석굴암	274
탑에도 국적이 있다	293
역사 그루터기 10원짜리 동전과 다보탑	317
신라 말기에 선종이 유행했던 까닭은	320
발해 역사가 어쨌기에?	330

1 우리 땅에도 역사가 꿈틀꿈틀

지구, 인간, 역사의 시작

지구의 탄생

우리가 살고 있는 지구는 언제 태어났을까?

지금으로부터 약 46억 년 전이다. 초기의 태양은 고온의 가스체였고, 이 가스체가 반시계 방향으로 회전하면서 가운데가 응축되어 태양이 만들어졌다. 그 후 태양에서 수성, 금성, 지구와 같은 행성들이 떨어져 나왔고, 그 시기를 학자들은 46억 년 전으로 추정하고 있다.

막 태어난 지구는 수차례의 기후 변화와 지각 변동을 거쳐 오늘에 이르렀다. 이런 지구에 생명체가 등장한 것은 약 32억 년 전이었다. 그러나 생명체가 등장했다고 해서 인류가 출현했다고는 오해하지 마라. 인간이 지구 호적에 이름을 올리려면 아직 한참을 더 기다려야 한다.

인류의 등장

그렇다면 인간은 언제 지구상에 출현했을까?

최초의 인류라고 인정되는 종은 '오스트랄로피테쿠스'[1]이다. 아프리카의 남부 지방에서 화석이 발견되어 '남방의 원숭이'라고 이름 붙여진 이 원숭이 인간은 약 400만 년 전에 지구에 출현했다.

무슨 근거로 이들을 최초의 인간이라 하느냐고? 인간이란 이름표를 붙여 주려면 일단 두 발로 서서 다닌 흔적이 있어야 한다. 그런데 현재까지 발견된 화석 중에서 가장 먼저 서서 다

[1] **오스트랄로피테쿠스** 라틴어로 '남방의 원숭이'를 뜻한다. 학술 용어는 대부분 라틴어를 사용한다. 그 이유는 이미 죽은 언어라서 더 이상 변하지 않아 각기 다른 언어를 사용하는 전 세계 학자들이 공통으로 사용할 수 있기 때문이다.

녔다고 판단되는 인골이 오스트랄로피테쿠스이다.

이쯤에서 질문을 하나 던져 보자. 조금 어려울 수도 있다.
오스트랄로피테쿠스는 현재 우리 인간들의 직계 조상일까?
아니다. 이들은 지구의 격심한 기후 변동 속에서 어느 순간 멸종해 버렸다.

그럼 현재 우리 인류의 직접 조상은 누구일까? 고것 참 되게 궁금하다.
학자들은 지금으로부터 3만 년에서 4만 년 전쯤에 지구상에 출현하여 활동을 시작한 '호모 사피엔스 사피엔스'를 현생 인류의 직접 조상으로 생각한다. 인류의 진화는 오스트랄로피테쿠스에서 호모 에렉투스, 호모 사피엔스를 거쳐 호모 사피엔스 사피엔스로 발전해 왔다. 현재 우리 인간은 호모 사피엔스 사피엔스의 후예들인 것이다. 프랑스의 크로마뇽 동굴 등지에서 인골이 발견되었는데, 호모는 '사람'을, 사피엔스는 '지혜롭

다'를 뜻한다. 따라서 우리말로 바꾸면 '슬기슬기 사람'이라고 부를 수 있다.

▶ 인류의 진화 과정

인종 구분	오스트랄로피테쿠스	호모 에렉투스	호모 사피엔스	호모 사피엔스 사피엔스
우리말 용어	남방의 원숭이	곧선 사람	슬기 사람	슬기슬기 사람
출현 시기	약 400만 년 전	약 50만 년 전	약 20만 년 전	약 3만~4만 년 전
특징	두발로 걷고 간단한 도구 사용	불과 언어 사용	시체 매장	동굴 벽화 남김

여기서 잠시 샛길로 빠져 보자.

지구가 탄생한 날로부터 오늘까지를 1년으로 잡고 지구 달력을 만들어 보자.

일단 1년 12달이 전부 나와 있는 달력과 빨간색 펜을 준비하라.

자! 준비됐나?

준비가 끝났으면, 달력에 생명체가 출현한 날부터 동그라미를 쳐 보자.

지구에 생명체가 등장한 날은? 10월 15일. 10월 15일을 찾아 얼른 동그라미를 쳐라.

포유류가 등장한 날은? 12월 18일. 바쁘다, 바빠. 얼른얼른 쳐라.

영장류는? 12월 27일.

최초의 인간인 오스트랄로피테쿠스가 지구 호적에 이름을 올린 날은? 12월 31일 16시 정도.

현생 인류인 호모 사피엔스 사피엔스가 탄생 축하를 받은 날은? 12월 31일 23시 55분경.

와! 이렇게 계산해 놓고 보니, 우리 인간은 지구가 탄생한 이후 이제 겨우 5분을 살아온 셈이다. 인간의 역사가 무척 긴 것 같지만 지구 역사 속에서는 조족지혈(鳥足之血)[2]에 불과하다.

2) **조족지혈** '새 발의 피'란 뜻으로 아주 적어서 비교 자체가 무의미할 때 쓴다.

손을 사용하면서 지구의 지배자로 우뚝 선 인간

그런데 두 발로 걷기 전에 인간은 어디서, 어떻게 살았을까?

원숭이처럼 나무 위에서 살았다.

"그럼 그대로 살면 됐지, 뭐 할라고 땅으로 내려왔다요?"라고 질문을 하면 이렇게 답할 수 있다. 지구 환경의 격심한 변화로 숲이 급속히 사라져 어쩔 수가 없었다. 아이러니한 것은 살기 위해 어쩔 수 없이 선택한 땅 위 생활이 인간을 만물의 영장으로 만들었다는 것이다.

이건 또 무슨 귀신 씻나락 까먹는 얘기냐고? 땅 위 생활로 앞발이 걷기에서 해방되며 자유로운 사용이 가능해졌다. 즉, 새로운 생활에 적응하는 과정에서 앞발이 손으로 변하며 각종 도구를 사용할 수 있게 된 것이다.

인간이 지구상의 지배자로 우뚝 선 이유에는 여러 가지가 있을 것이다. 그러나 가장 원초적인 이유는 손의 자유로운 사용, 특히 엄지손가락의 발달이다. 손의 활발한 이용은 두뇌 발달을 촉진하여 각종 도구들을 개량·진보시키며 결국 지금과 같은 문명 발전을 이뤄 낼 수 있었다.

인간의 손이 인류 발전의 원동력이었음은 원숭이의 앞발과 비교해 보면 금방 알 수 있다. 원숭이의 앞발은 나무를 타기 좋도록 발가락 다섯이 모두 위를 향한다. 이와는 달리 인간의 손가락은 네 개는 위를 쳐다보고 있지만, 엄지만은 45도 각도로 벌려져 있다. 이러한 손의 구조가 원숭이보다 손의 사용을 원활하게 했다.

인간의 손과 원숭이의 앞발을 직접 보면서 비교하고 싶으면, 지금 즉시 동물원으로 달려가자. 원숭이 우리 앞에 느긋하게 자리 잡고 앉아 '쟤들은 우리와 어떻게 다를까?'를 열심히 탐구해 보자. 인간의 손이 인류 진화의 원동력이었음을 잘 알 수 있을 것이다.

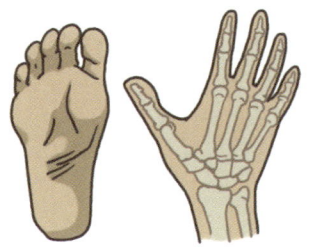 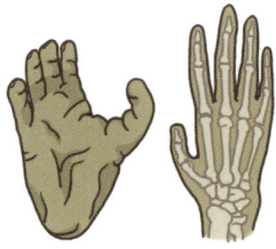

인간(좌)과 원숭이(우)의 손, 발 비교

한반도에 언제부터 사람이 살았을까

아주 옛날에는 사람이 안 살았다는데

그럼 무엇이 살고 있었을까

땅속을 뒤져 보면 화석이 많이 나오는데

아주 이상한 것만 있다네

땅덩어리도 다르게 생겨서 어느 바다는 육지였다네

생각해 보면 오래전도 아니지

겨우 몇 십만 년 전 겨우 몇 백만 년 전

한번은 아주 추워서 혼들이 났다던데

아주 옛날에는 사람이 안 살았다는데

그럼 무엇이 생겼었을까

공룡이 헤엄치고 익룡이 날아다니고

아주 심심한 것 같은데

콩 선생이 젊었을 때 유행했던 〈아주 옛날에는 사람이 안 살았다는데〉라는 노래이다.

이 노래의 제목처럼 아주 옛날에는 지구에 사람이 살지 않았다. 우리가 살고 있는 한반도 또한 마찬가지였다. 인간이 나타나기 전까지 지구는 공룡들의 천국이었다. 그러다가 언제부턴가 사람이 살기 시작했다.

한반도에 사람이 살기 시작한 것은 언제부터일까?

고고학자들은 한반도에 사람이 살기 시작한 시기를 약 70만 년 전부터라고 생각한다. 1966년 평안남도 평양시 상원군 흑우리

3) **뗀석기** 돌을 깨서 만든 석기. 구석기시대의 주요 도구였다.

에 있는 검은모루동굴에서 29종의 동물 화석과 뗀석기³⁾를 발견했다. 북한 학자들이 정밀하게 조사해 보니 곰, 멧돼지, 승냥이 뼈와 함께 원숭이, 물소, 큰쌍코뿔소 등 열대 지방에서 사는 동물 뼈가 나왔다. 한편 1973년에는 평안남도 덕천시 승리산 동굴에서 한반도에서는 최초로 구석기시대 사람의 어금니 2개와 어깨뼈를 발굴했다. '승리산 사람'으로 이름 붙여진 이 뼈의 주인은 35세 정도의 남자로 추정되었다.

학자들이 이러한 유물을 가지고 다양한 연구를 한 결과, 검은모루동굴과 승리산 동굴에서 살았던 사람들이 한반도에서 생활한 최초의 인간들이며 그들이 살았던 시대는 지금으로부터 70만 년 전이라는 결론을 내렸다. 한반도에 구석기시대가 있었음을 증명한 것이다. 이후 한반도 각 지역에서 구석기 유적지가 발굴되었는데, 현재까지 알려진 곳으로는 평양 상원 검은모루동굴, 평남 덕천 승리산 동굴, 경기도 연천 전곡리, 충남 공주 석장리, 충북 청원 두루봉동굴 등이 있다.

구석기시대 사람들은 어디에서 무엇을 먹고 살았을까?

구석기시대 사람들은 주로 동굴에서 생활했으며, 바위 그늘 또는 강이나 바닷가에 비바람을 피할 정도의 조악한 막집을 짓고 살았다. 이들은 무리를 지어 이동 생활을 했으며, 사냥이나 고기잡이, 채집을 통하여 하루하루를 근근이 살아갔다.

여기서 깜짝 질문을 하나 해 보자.

구석기인의 생활 모습

4) **빙하기** 기온이 지금보다 낮아 지구의 많은 부분이 얼음으로 뒤덮여 있던 시기. 그렇다고 지구 전체가 얼음으로 뒤덮인 것은 아니었다. 북극과 남극, 북반구 대륙의 일부, 알프스·히말라야 산맥과 같은 높은 지대는 빙하로 덮여 있었고 주변 지역에 넓게 한랭 기후가 분포했다. 지구는 지금까지 4차례의 빙하기를 겪었는데 빙하기와 빙하기 사이에는 수만 년씩 지속된 간빙기(기온 상승기)가 있었다. 간빙기에는 오늘날보다 기온이 더 따뜻한 시기도 있어서 많은 동물들이 살 수 있었다. 현재의 기온과 해안선이 형성된 것은 1만 년 전(B.C. 8천 년경)부터로 마지막 빙하기가 끝난 이때부터 신석기시대가 시작되었다.

구석기시대에도 한반도가 있었을까?

No! No!! 없었다. 그때는 빙하기⁴⁾였기 때문에 바닷물이 오늘날보다 훨씬 적었다. 따라서 중국 대륙, 한반도, 일본 열도가 육지로 연결되어 있었고 서해 바다는 당시에 육지였다.

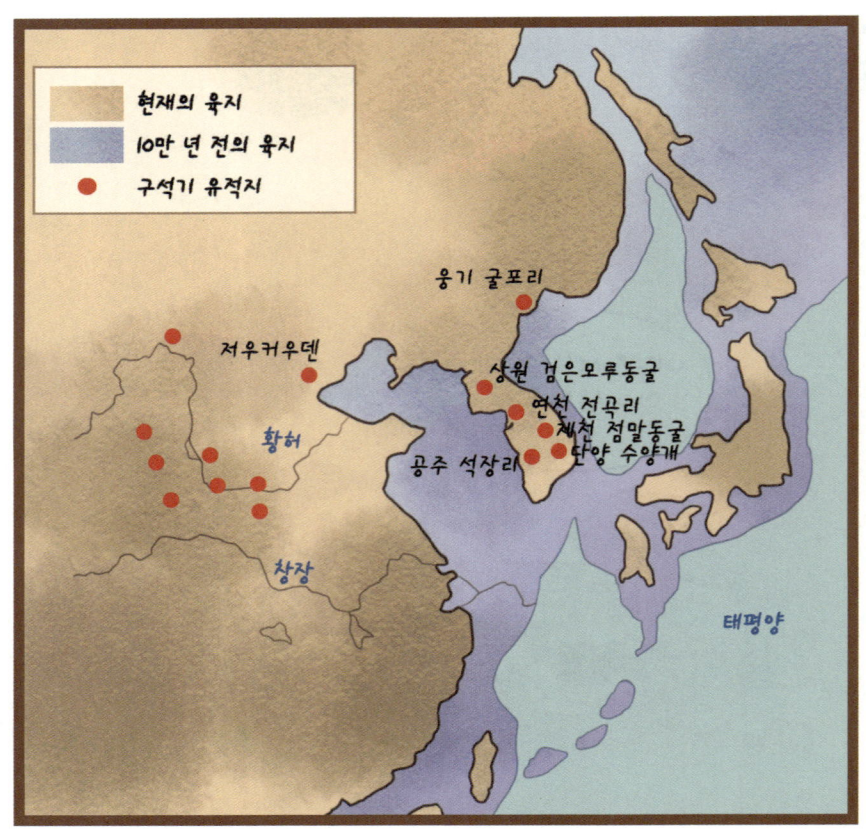

구석기시대의 한반도 주변 지도

그럼 한반도는 언제 형성되었을까?

약 1만 년 전이다. 이때부터 지구 기온이 급속히 올라가며 빙하가 녹기 시작했다. 이로 인해 바닷물은 급격히 불어났고 지대가 낮은 땅들이 바다 속으로 들어가며 한반도가 탄생했다. 제주도와 대마도, 일본 열도 또한 이 시기에 섬이 되었다.

공동생활을 해야 했던 구석기 · 신석기시대

구석기시대 사람들은 싸움을 하지 않았다.

과연 그럴까.

천만의 말씀. 여러 정황으로 보았을 때 싸움은 분명히 있었다. 또한 힘이 강한 자와 약한 자도 있었을 가능성이 크다. 그런데 왜 구석기와 신석기시대에는 지배 · 피지배 관계가 나타나지 않았을까? 이에 관해 생각해 본 적이 있는가? 없다면, 10초만 궁리해 보고 함께 이 문제를 풀어 보자.

1, 2, 3, 4, 5, 6, 7, 8, 9, 10.

자! 10초가 지났다.

생각났는가?

사람들이 순해서 힘이 있어도 다른 사람과 싸우지 않았다.

땡!

인간의 수가 너무 적어서?

땡! 아닙니다.

결론부터 말하자면, 당시 사회가 잉여생산물이 나올 수 없는 생산력이 매우 낮은 사회였기 때문이다. 잉여생산물이란 사람들이 충분히 소비하고 난 뒤 남은 물건을 말한다.

구석기시대에는 사냥과 어로, 채집이 경제활동의 전부였다. 구성원 모두가 열심히 몸을 움직여 공동 생산과 공동 분배를 해야 전체가 살 수 있었다. 그런 시대에 무리 중 일부가 힘이 강하다고 자기 욕심만 채우려 한다면, 결국 한 사람도 남김없이 숨이 꼴까닥 넘어갈 수밖에 없다.

왜냐고? 예를 들어 설명해 보자.

구석기시대 사람인 장콩은 힘이 무척 세다. 그가 속한 무리는 아이까지 합해 모두 30명이다. 1주일 이상을 사냥에 실패하다가 무리 전체가 합심하여 매머드를 잡는 데 성공했다. 경사가 났다. 우리 민족은 좋은 일이 생기면 음주 가무를 즐기니, 맘껏 춤도 추고 노래도 불러 보자.

드디어 매머드를 분배하는 시간이 되었다. 사냥에서 장콩은 발군의 실력을 발휘했다. 콩은 콩콩 뛰어다니며 자기가 제일 고생했다고 사냥감의 5분의 1을 싹둑 잘라가 버렸다. 나머지 사람들도 고기를 조금이라도 더 차지하기 위해 피 터지게 싸웠다.

이런 일이 한 번만 있었다면 별 문제가 없었을 것이다. 그러나 장콩은 매번 더 좋은 것, 더 많은 양을 요구했다. 상황이 어찌 되었을까? 힘이 약한 놈부터 차례차례 하늘에 이름을 올렸다. 장콩은 천하장사처럼 힘이 세다는 이유 하나로 무리 중 가장 마지막까지 살아남았다. 그러나 그도 결국은 하늘나라로 올라가고 말았다.

장콩은 힘도 세고 사냥도 잘했는데 왜 죽었을까?

인간은 결코 혼자서는 살 수 없는 존재임을 미처 생각하지 못했던 것이다. 특히 다른 동물과 경쟁하며 힘겹게 살아가는 구석기시대 인간은 힘센 동물들의 사냥감에 불과했다. 무리를 이루고 함께 일을 해서 사이좋게 나눠 먹지 않으면 생존이 불가능한 볼품없는 존재였다. 이러한 이유 때문에 구석기시대 사람들은 이른바 '더불어 사는 삶'을 실천할 수밖에 없었던 것이다.

결국 생산량이 절대적으로 부족한 당시 사회에서는 지도자는 있으나 지배가 없는 평등한 공동체 생활이 이루어졌다. 그리고 이러한 현상은 농사가 시작되는 신석기시대까지 지속되었다. 그러다가 농업 생산력이 증대되는 청동기시대에 이르러서야 사유재산제가 나타났고, 지배·피지배 관계도 대두되었다.

필연 또는 우연, 농사의 시작

신석기시대, 무리 중 누군가가 떨어진 씨앗에서 싹이 트는 것을 보고 농사를 시작했다. 드디어 인류는 자연으로부터 독립하는 첫발을 내딛게 되었다. 이제까지 인류는 자연에 의존하여 살아 왔다. 사냥, 고기잡이, 채집을 통하여 생명을 이어 오며 자연의 부속물처럼 살아야만 했다. 그러나 이제 인류는 자연에 절대적으로 의탁하던 생활에서 벗어나 비록 열악하나마 식량을 직접 생산하는 생산자로 우뚝 서게 되었다.

축하의 박수를 보내야 하지 않겠는가?

이왕 치려면 건강에도 좋게 월드컵 4강 신화를 떠올리며 대한민국 박수로 힘껏 쳐 보자.

박수 시자악!

대~한민국! 짝짝 짜짝 짝!

대~한민국! 짝짝 짜짝 짝!

웬만큼 쳤으면 다음으로 넘어가자.

그런데 의문이 하나 있다. 사냥이나 채집을 하면서 편하게 살면 됐지, 왜 힘들게 농사를 지으려고 했을까?

지금으로부터 1만여 년 전 빙하기가 끝나고 지구의 기온이 점차 올라갔다. 기온 상승은 생태계를 변화시켰다. 따뜻한 기후로 초원 지대가 숲으로 변하면서 큰 동물들이 터전을 잃었다. 매머드 같은 우람한 동물들이 멸종되고 이제 한반도는 작고 날쌘 동물들의 세상이 되었다. 토끼, 여우 같은 놈들이 제 세상을 만난 것이다.

돌도끼 하나로 먹고살던 구석기시대 사람들에게 기후 변화는 마른하늘에서 떨어진 날벼락이었다. 이거 큰일이 났다. 변화에 적응하지 않으면 매머드와 같은 신세가 된다. 물론 죽은 사람도 많았다. 하늘로 떠난 원시인 할배들을 위하여 묵념(ㅠㅠ).

다행히 환경에 적응한 사람도 있었다. 그들은 죽지 않기 위해 돌머리를 꽉꽉 굴렸다. 없는 머리 굴리느라고 머리깨나 아팠을 것이다. 그러나 인간이 어떤 존재인가? 생각하는 동물이 아닌가? 결국 그들은 활과 창 같은 이음 도구[5]들을 고안해서 자연환경의 변화에 적응했다.

그런데 새로운 문제가 발생했다. 기후가 안정되니 인류의 수가 기하급수적으로 늘어났다. 산아 제한이 없었을 때니, 문제가 심각했을 것이다. 이것을 유식한 말로 '인구압(population pressure)'[6] 이라고 한다.

5) **이음 도구** 한 개 내지 여러 개의 잔석기를 나무나 뼈에 꽂아 쓰는 도구. 작고 빠른 짐승을 사냥하기 위한 활, 창, 톱, 작살 등이 있다.

6) **인구압** 일정 지역 안에 인구가 지나치게 많아져서 생활이 어려워지는 사회 현상.

이제는 사냥과 어로, 채집만으로 먹고살 수가 없었다.

또 다른 대책이 필요했다. 그때 누군가가 야생 곡물의 씨앗을 살던 곳 주변에 뿌렸다. 조금 있으려니, 싹이 트고 줄기가 뻗고 알곡이 여물었다. 따서 먹어 보니 그런대로 먹을 만했다.

'이 없으면 잇몸'이라고 사람들은 사냥과 채집을 하면서 동시에 농사를 짓기 시작했다. 비록 수확은 적었지만 열심히 고생하면 배는 곯지 않고 살 수가 있었다. 그야말로 '따봉'이었다. 이로써 인간은 채집이나 어로, 수렵과 같이 자연에서 구하기만 하던 단계에서 벗어나 자연을 적극적으로 이용하는 단계로 접어들었다. 인류의 진보에 획기적인 사건이었다. 영국의 고고학자 고든 차일드(G. Childe)는 이 사건을 신석기 혁명(Neolithic Revolution)이라고 이름 붙였다.

신석기시대 농사 도구

역사 그루터기

주먹도끼와
연천 전곡리 유적

우리나라 구석기 유적지 중 세계 고고학계에 이름을 널리 알린 곳이 한 군데 있다. 경기도 연천의 한탄강 자락에 자리 잡고 있는 전곡리 유적이다.

이 유적지가 세계적으로 유명해진 이유는 '인도의 동쪽 지역(동아시아)에서는 아슐리안 문화권을 대표하는 주먹도끼가 만들어지지 않았다.'는 세계 고고학계의 통설을 뒤집는 유물이 발굴되었기 때문이다.

아슐리안 문화권이란 유럽, 아프리카, 중동, 인도에 걸쳐 형성된 구석기 문화권으로 주먹도끼와 가로날도끼가 대표 유물이다. 그런데 1978년 그래그 보웬이라는 미국인이 아시아에서도 가장 동쪽에 위치한 우리나라의 중부 지방에서 아슐리안 문화를 대표하는 주먹도끼를 발견한 것이다.

그래그 보웬은 미국 인디애나 대학교에서 고고학을 전공하다 공군 하사관으로 입대하여 주한 미군으로 우리나라에 와 있었다. 그는 당시에 우리나라 여성과 사귀고 있었는데, 결혼을 약속한 둘은 1978년 겨울에 한탄강 자락으로 나들이를 갔다. 강변을 산책하던 중 보웬은 우연히 주먹도끼 3점과 가로날도끼 2점을 발견했다. 그는 자신이 발견한 것이 대단한 유물임을 직감하고 프랑스 보르도 대학교의 세계적인 구석기 권위자 프랑소아 보르드 교수에게 편지로 알렸다. 교수는 보웬이 발견한 석기가 아슐리안 문화권에 대한 기존 학설을 수정할 수 있는 중대한 발견임을 알아차리고 서울대학교에 연락할 것을 편지로 알려왔다. 보웬은 서울대를 찾아가 자신이 발견한 전곡리 유적의 존재를 밝혔다. 서울대학교 박물관은 긴급히 전곡리 유적 발굴에 착수하여 1992년까지 10여 차례에 걸쳐서 구석기 유물 5천여 점을 수습했다.

전곡리 유적지의 발굴은 아슐리안 문화권을 한반도까지 확장시키는 데 큰 기여를 했으며, 현재 이곳은 세계적인 구석기 유적지로 명성을 떨치고 있다.

주먹도끼

청동기시대 청동기는 최첨단 수입품

질문을 하나 하겠다.

청동기시대에 우리나라의 청동기는 중국에서 수입되었다?

정답은 '아니다.'이다.

물론 우리 문화를 이야기할 때 중국을 빼놓으면 '팥소 없는 붕어빵'이다. 그러나 이 말은 철기시대 이후라야 맞다. 우리 문화와 중국 문화의 교류는 철기시대부터 이루어졌다. 청동기시대까지는 양쪽 문명이 서로 남남이었다.

그렇다면, 우리나라 청동기는 어디에서 전래되었을까?

청동기시대를 대표하는 유물은 비파형동검[7]과 거친무늬거울[8]이다. 이들이 출토되는 지역은 시베리아와 몽고 고원 지대에 위치한 미누신스크, 오르도스와 요령(랴오닝) 지방 그리고 한반도 전역이다. 따라서 우리나라 청동기는 중국에서 유입된 것이 아니라 북방 계통임을 알 수 있다.

7) 비파형동검 청동기시대를 대표하는 유물. 몸체가 현악기 비파와 비슷하게 생겼기에 '비파형동검'이라 한다. 시베리아와 만주, 한반도에서 주로 출토되어 이 지역이 청동기시대에 동일한 문화권이었음을 알 수 있게 한다.

8) 거친무늬거울 청동기시대 전기에 하늘에 제사를 지내는 도구로 주로 사용되었던 청동 거울. 거울 뒷면에 다소 거친 기하학적 무늬가 새겨져 있어서 '거친무늬거울'이라 한다.

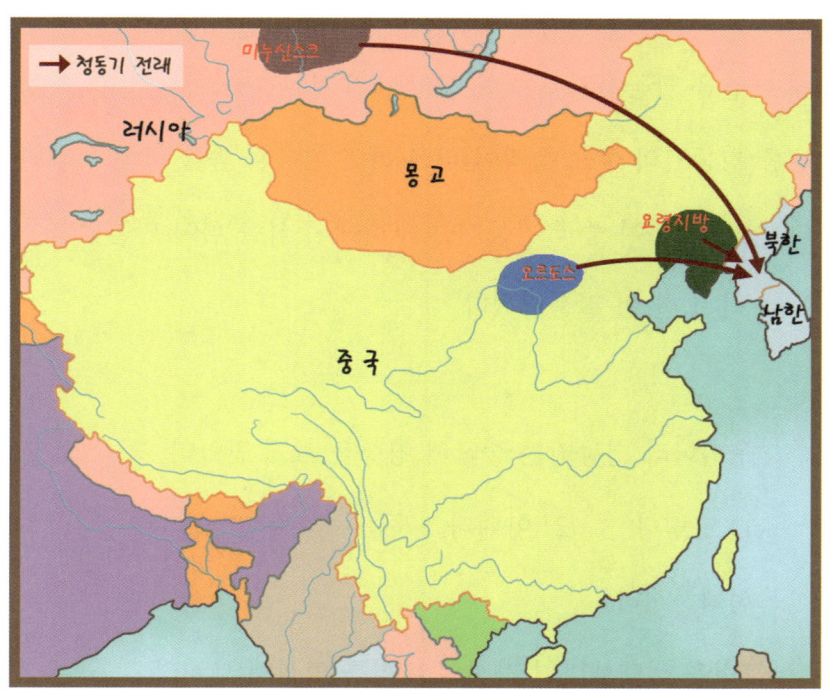

우리 땅에도 역사가 꿈틀꿈틀

비파형동검(좌)과 거친무늬거울

　또 하나 우리 청동기가 북방 계통임을 입증하는 것은 청동기의 구성 물질이다. 즉, 우리나라에서 발견되는 청동기는 구리에 아연을 합금하거나 동물 문양이 새겨진 청동기가 많다. 북방 계통 청동기의 주요 특징이 바로 아연 함유와 동물 문양 장식이다. 이에 반하여 중국 청동기는 구리에 주석을 섞어 만들었다.

　다시 한 번 질문하겠다.

우리나라 청동기는 중국의 영향을 크게 받았다.
1) 그렇다.　　2) 아니다.
선택하시라.
1번을 선택했다면 자신의 머리를 의심해 보시라.

청동기시대의 농기구는 석기

더 이상 설명이 필요 없겠지만, 이 땅에 농사가 시작된 것은 '신석기시대'이다.

그렇다면 신석기시대 사람들은 무엇으로 도구를 만들어 농사일을 했을까? 그때 사람들에게도 그들만의 농사용 도구가 있었을 것이다. 그것이 무엇일까?

답은 '석기'다. 이것을 맞췄다면 IQ가 70은 될 거다. 이제부터 머리를 팍팍 굴려라.

청동기시대 농기구는?

'청동기'라고 말하면, IQ가 70에서 멈춘다. 포기하지 말고 머리를 좀 더 굴려 보자. 100은 되어야 하지 않겠나.

청동기시대 농기구는 청동기가 아니라 주로 돌로 만들었다. 왜 그랬을까?

그 시대 청동기는 지금의 금이나 다이아몬드 정도 되는 귀중품이었다. 따라서 청동기는 지배층의 무기나 장신구, 제사용 도구로 사용되었을 뿐, 농사용 도구로는 사용되지 않았다. 또한

청동기는 재질이 무르기 때문에 농기구로 만들어 보았자 실제 농사에 사용할 수가 없었다. 이러한 이유로 청동기시대 농기구는 석기가 주류를 이루었고, 나무로 만든 도구도 일부 있었다.

덤으로 하나 더 생각해 보자. 시선 집중하시라.
철기시대 농기구는?
청동기?
천만의 말씀. 절대 아니다.
청동제 농기구는 눈 씻고 찾아봐도 없으니, 아예 청동기는 농기구에서 제외해라.
그렇다면 석기? 아니다.
답은 '철기'이다.

청동기시대까지는 농기구를 주로 석기로 만들었으나, 철기시대가 되면서부터는 농기구도 철기로 만들어 농업 생산력을 크게 높였다.
왜 철이냐고? 철은 철 성분이 든 철광석만 구하면 어디서

나 쉽게 제련할 수 있는 단일 금속이었다. 여기에 더해 철은 단단해서 땅을 파고 고르는 농기구를 만드는 데 적격이었다. 이러한 이유 때문에 철기시대에는 철제 농기구가 대량으로 만들어져 이곳저곳에 보급되었다. 물론 철기시대에 돌이나 나무로 만든 농기구도 많이 사용했음을 잊지 말자. 농사 도구가 발달한 요즘도 농촌에 가면 나무로 만든 농기구들을 간혹 볼 수 있지 않은가?

자! 자! 이제 마지막으로 정리를 해 보자.

신석기시대 농기구는? 석기.
청동기시대 농기구는? 석기.
초기 철기시대 농기구는? 철기.

기억하고 또 기억하시라. 머리에 김이 모락모락 올라올 때까지.

청동기시대 농기구

철기시대 철제 농기구

우리 땅에도 역사가 꿈틀꿈틀

청동기와 철기시대

철기보다 청동기가 먼저 보급된 이유는?

신석기시대를 이어 한반도에서는 B.C. 2000년경에서 B.C. 1500년경에 청동기가 보급되었다. 철기는 이보다 한참 늦은 B.C. 5세기경에 중국에서 전래되었다.

청동은 구리에 주석 또는 아연·납을 섞어 만든 합금이고, 철은 철광석에서 추출하면 쉽게 얻을 수 있는 단일 금속이다. 따라서 아주 단순하게 생각해 보면, 두 금속을 혼합해야 만들어지는 청동기보다 단일 금속인 철이 훨씬 더 도구를 만들기가 편하고 쉬웠을 것 같다. 그러나 인류 역사를 살펴보면, 청동기가 철기보다 먼저 만들어졌다.

왜 그랬을까? 조금 어려운 질문이지만, 머리는 쓰면 쓸수록 발달하니 10초만 생각하고 문제를 해결해 보자.

자, 카운트다운을 시작한다.

10, 9, 8, 7, 6, 5, 4, 3, 2, 1, 0, 발사!

인공위성을 실은 로켓이 쏜살같이 하늘로 올라가듯이 머리에 번개처럼 솟구치는 생각들을 말해 보아라. 틀려도 좋다.
자신의 생각을 당당하게 말하는 것, 그 자체만으로도 대단한 발전이다.

자, 그럼 장콩 선생이 생각하는, 아니 금속 기술자들이 일반적으로 내놓는 해답을 발표하겠다. 단일 금속인 철기보다 혼합 금속인 청동기가 인류 역사상 먼저 만들어진 이유는?

두구두구두구두구 둥둥둥.

그 이유는 금속마다 녹는 온도가 다르기 때문이다. 동을 불 속에 집어넣어 녹이는 데 필요한 온도는 700~800℃ 정도이다. 반면에 철은 1200℃ 이상의 높은 온도에서 녹는다.

문제는 청동기시대의 기술력이었다. 청동기시대에는 1200℃ 이상의 고온을 얻기가 불가능했다. 왜냐? 700℃ 정도는 나무 장작을 때면 자연스럽게 올라가는 온도지만, 그 이상으로 온도를 올리려면 인간이 인위적으로 불을 세게 해 줘야 한다. 즉, 불이 붙은 나무에 바람을 강제로 더 불어 넣어야 고온을 확보할 수 있다. 그런데 청동기시대에는 그럴 만한 도구가 없었다. 따라서 철광석에서 철을 빼낼 수 있다는 사실을 알고 있었다 해도(물론 이것도 몰랐을 테지만) 그 속에서 철을 추출해 낼 수가 없었다.

대장간에 가면 대장장이 아저씨가 숯을 집어넣고 불을 피운 후에 옆에서 풀무를 통해 송풍관을 열심히 압축시키는 것을 볼 수 있다. 풀무는 바람을 일구는 장치이고, 송풍관은 화

김홍도의 대장간도(종이에 담채, 각 27㎝×22.7㎝) 국립중앙박물관 소장. 조선 후기의 대장간 모습. 뒤쪽에 서 있는 아이가 풀무에 바람을 집어넣고 있다.

덕의 불이 더 잘 타도록 바람을 강제로 넣는 관이다. 잘 모르겠으면, 엄마 아빠 손잡고 시골 장터에 간혹 보이는 대장간을 방문해 보아라. 그럼 웃통을 벗어젖히고 구슬땀을 흘리며 철을 달굴 수 있게 송풍관에 열심히 풀무질을 하는 대장장이 아저씨를 볼 수 있을 것이다. 바로 이 송풍관이 청동기시대에는 개발되지 않아 철기 사용은 불가능했다.

철기시대의 시작

자! 주목하시고. 이제 철기시대로 넘어가 보자.

철기시대는 B.C. 5세기경부터 시작되었다. 중국에서 철기 제조 기술이 수입되면서 시작되었는데, 이때부터 우리 민족은 중국 문화의 영향권에 들어갔다.

철의 제련으로 사람들은 또 한 번 도약할 수 있었다. 동은 생산지가 제한되어 있었고 합금이었으며 재질이 무른 반면, 철은 단일 금속인데다 단단했고 철의 성분을 함유하고 있는 돌, 즉 철광석은 전국 어디서나 쉽게 구할 수 있었다. 따라서 불 온도를 높일 수 있는 기술력이 확보된 이상 청동기보다 단단하고 쓰임새가 다양한 철기가 청동기를 압도한 것은 당연했다. 이제 세상은 철기를 사용하는 사람들 위주로 돌아갔다. 이들이 청동기를 사용하는 사람들보다 사회적 영향력을 확대하여 세상을 철기시대로 바꾸어 나갔다.

철기가 '짱'이 되었음을 증명하는 사례가 우리 역사 기록에 나와 있다. 『삼국유사』에 탈해[9]가 신라의 4대 임금이 된 이야기가 소개되어 있다.

9) **탈해** 신라의 제4대 임금으로 재위 기간은 57~80년이었다. 보통 탈해왕이라고 하지만, 당시 신라에서는 왕 대신 이사금을 지배자의 명칭으로 사용했기에 '탈해이사금'이라 해야 맞다.

탈해가 지팡이를 들고 토함산으로 올라가 7일을 머물렀다. 살 만한 땅을 찾아 성안 이곳저곳을 굽어 살펴보니, 초승달처럼 생긴 터가 오래 살 만한 곳으로 여겨졌다. 산을 내려와 그곳으로 가니 호공의 집이었다. 이에 탈해는 꾀를 내어 몰래 숫돌과 숯을 그 집 주변에 묻어 두고 이튿날 아침에 호공을 찾아갔다.

"이곳은 내 조상이 살던 곳이오."

탈해가 호공에게 억지를 부렸다. 호공은 어이가 없어서 관청에 신고했다. 관리가 나와 탈해에게 물었다.

"무슨 증거로 너희 조상 집이라고 우기느냐?"

탈해가 말했다.

"우리 집안은 대대로 대장장이 집안이오. 잠시 이웃 마을로 옮겨 간 사이에 다른 사람들이 우리 집을 차지하여 살고 있소. 정 궁금하면 땅을 파 보시오. 그러면 증거가 나올 것이오."

관리가 집 주변을 파 보니, 아니나 다를까 숫돌과 숯이 나왔다. 이에 관리는 호공의 집터를 탈해의 조상이 살았던 곳으로 인정하여 탈해에게 넘겨주었다.

『삼국유사』에 나온 설화를 이해하기 쉽게 조금 손질하여 정리한 것이다. 이 이야기대로라면, 탈해는 대동강 물을 돈 받고 판 봉이 김선달만큼이나 머리 회전이 빠른 '꾼 중의 꾼'이었다. 머리 한번 쌈빡하게 굴려 자손 대대로 번성할 집터를 거저 얻었으니 말이다.

그런데 여기서 잠시 생각해 보자. 탈해가 호공에게 자신의 조상 직업을 '대장장이'라고 했던 이유는 뭘까? 그것은 아마도 탈해가 왕이 될 무렵은 이미 철이 '짱'인 시대, 즉 철기시대였음을 은연중에 나타낸 것이라 할 수 있다.

미송리식 토기

'미송리식 토기'라고 들어는 봤나?

"그게 뭔데?" 하면 유구무언이다.

빗살무늬토기가 신석기시대를 대표한다면, 미송리식 토기는 무늬 없는 토기와 더불어 우리나라 청동기시대를 대표한다. 1959년 평북 의주군 미송리의 동굴 유적에서 처음 발견되어 '미송리식 토기'라는 이름이 붙여진 이 토기는 우리나라 선사 고고학[10]에서 상당히 중시되는 유물이다. 그 이유는? 고조선

10) **고고학** 역사 이전 시대의 유물이나 유적을 발굴하여 당시 사회를 복원하는 학문. 인간이 살았던 시대는 '문자을 사용했나, 하지 않았나'를 기준으로 선사시대(문사 사용 ×)와 역사시대(문사 사용 ○)로 구분한다.

미송리식 토기

의 초기 영역을 알려 주는 유물로 인정받고 있기 때문이다.

고조선의 영역은 학자들에 따라 그 주장이 천차만별이나, 크게 세 가지 설로 나뉜다.

> **고조선의 영역에 대한 설**
>
> 첫째, 요령 지방〔요하(랴오허강) 유역〕중심
> 둘째, 평양 중심
> 셋째, 요령 지방 중심(초기) → 평양 중심(후기)

이 중에서 콩 선생은 세 번째 주장에 손을 들어 준다. 이 설은 고조선이 초기에는 요령 지방을 중심으로 발전하여 만주와 한반도 북부를 세력권으로 삼았으나, 후기에는 평양으로 중심지가 이동되면서 세력이 한반도 안으로 축소되었다는 입장이다.

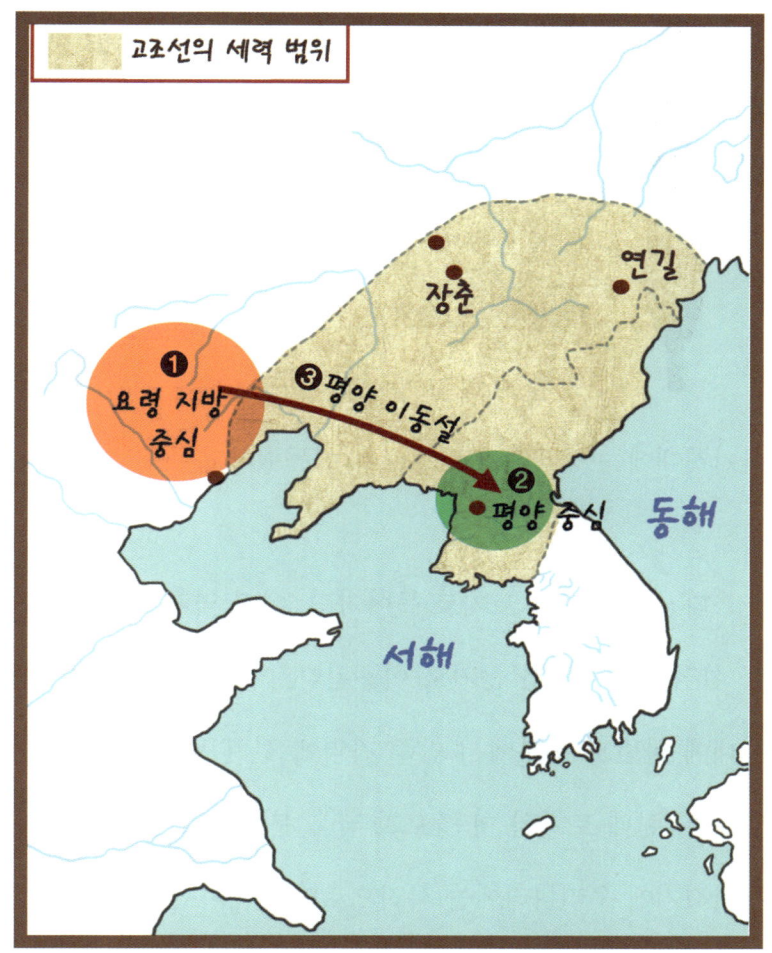

고조선의 영역에 대한 세 가지 설

 무슨 증거로 그러느냐고? 비파형동검 출토지와 세형동검 출토지가 현저하게 다르기 때문이다. 비파형동검은 요령식동검, 북방식동검, 만주식동검이라고도 하는 청동검으로 요령 지

비파형동검(좌)과 세형동검(우) 비파형동검은 청동기 시대의 대표 유물이고 세형 동검은 철기시대로 접어들며 한반도 안에서 독자적으로 만들어진 철기시대를 대표하는 청동유물이다.

방을 중심으로 만주와 한반도 전 지역에서 출토되고 있다. 이에 반하여 철기시대를 대표하는 유물인 세형동검은 한반도 안에서 주로 나오고 있으며 만주에서는 거의 발견되지 않는다. 따라서 비파형동검을 사용하던 시기에는 고조선의 중심지가 요령 지방이었지만, 세형동검을 사용하던 철기시대에는 중심지가 평양으로 이동했다고 판단하는 것이다.

다시 미송리식 토기로 돌아가면, 이것 역시 고조선의 영역을 설정하는 중요한 근거로 이용된다. 미송리식 토기는 청동기시대에 한반도 북부에서 만주 지역에 걸쳐 광범위하게 사용되었다. 그런데 토기의 첫 출토가 남북 분단 이후인 1957년에 이루어졌기에 우리나라에는 사진으로만 실체가 알려졌을 뿐 실물이 없었다. 그러던 것이 1998년 4월 실향민[11]이 고이 보관하고 있던 미송리식 토기 7점을 고려대학교 박물관에 기증하여 현재는 우리나라에서도 미송리식 토기를 실물로 감상할 수 있게 되었다.

11) **실향민** 원래 의미는 '고향을 떠난 뒤 피치 못할 사정으로 고향에 돌아가지 못하는 사람들'을 가리키나, 여기서는 6·25전쟁 당시에 북에서 내려와 현재까지 고향에 가지 못한 사람들을 뜻한다.

고조선에 관한 의문 몇 가지

단군이 세운 나라를 '고조선'이라고 하는 이유는?

단군신화를 최초로 기록하고 있는 『삼국유사』를 보면 고조선은 B.C. 2333년에 단군이 건국한 것으로 나와 있다.

나라 이름은 고조선(古朝鮮), 우리말로 풀어 쓰면 '옛날 조선'이다. 하지만 고조선은 당시에 사용했던 나라 이름이 아니다. 우리는 보통 '옛 고(古)' 자를 붙여 고조선이라고 부르지만, 실제 이름은 그냥 '조선'이었다.

그런데 왜, 우리는 우리 민족 최초의 국가를 굳이 옛날을 강조하여 '고조선'이라 부를까? 흔히들 사람들은 이성계가 세운 조선과 구별하기 위하여 '고조선'이라 불렀다고 생각한다. 그러나 고조선이란 이름은 『삼국유사』에 이미 기록되어 있다.

일연[12]이 『삼국유사』를 쓴 것은 13세기 후반이다. 이성계가 조선을 개창한 것은 14세기 말인 1392년이었다. 따라서 이성계의 조선과 구별하기 위해 고조선이라고 했다는 설은 신뢰성이 떨어진다.

그렇다면 '고조선'이란 나라 이름은 언제 왜 생겼을까? 이것 역시 『삼국유사』에서 단서를 찾을 수 있다. 일연은 『삼국유사』를 쓰면서 '고조선'이란 나라 이름 아래에 '왕검조선'이라고 토를 달아 두었다. '왕검'은 단군왕검을 말하기 때문에, 왕검조선은 결국 단군이 세워 후예들에게 물려준 조선을 말한다. 이를 근거 삼아 추론해 보면, 일연은 '단군조선'의 마지막 임금인 준왕을 몰아내고 새 나라를 세운 '위만조선'과 확실히 구별하기

12) 일연 고려 후기의 승려. 그가 지은 책인 『삼국유사』는 우리 민족의 고대 신화와 민간 설화를 다수 담고 있어서 고려 전기의 유학자 김부식이 지은 『삼국사기』와 함께 우리나라 고대사 연구에 귀중한 자료가 되고 있다.

위해 단군조선을 '고조선'이라고 했던 것 같다. 한편, '조선'이란 나라 이름은 '태양이 뜨는 자리'라는 뜻의 고대 우리말 '아사달'을 한자로 옮긴 것이다.

단군신화는 어디까지 믿어야 하나?

지금으로부터 30년 전쯤에 한 신문사가 우리나라 사람들을 대상으로 단군신화에 대한 신뢰도 조사를 실시했다. 그때 설문에 응답한 사람의 40.5퍼센트가 단군 이야기는 '거짓'이라고 대답했다. '사실'이라고 답한 사람은 22.8퍼센트에 불과했다. 왜 그랬을까?

　『삼국유사』에 기록된 바로는, 단군의 아버지는 하느님(환인)의 아들인 '환웅'이었고 어머니는 곰에서 변신한 '웅녀'였다. 믿을 수 있겠는가?
　이성과 과학으로 무장된 현대인의 머리로는 도저히 믿을

수 없는 '깜짝쇼'이다. 어떻게 하늘에서 사람이 내려오고 곰이 사람으로 둔갑할 수 있겠는가? 그러나 일연은 우리 민족의 허황된 시조 이야기를 눈 하나 깜짝하지 않고 당연한 듯이 기록하고 있다.

뭔가 이상하다. 어찌 된 영문일까?

세계 각 지역에서 탄생한 신화는 어떤 것이든지 오랜 세월을 거치는 동안 뻥튀기가 되어 현실성이 없어진 경우가 대부분이다. 물론 그렇다고 해서 신화의 내용을 전부 부정할 수는 없다. 신화 속에는 그 이야기가 만들어질 당시의 사실이 석류 속의 붉은 알처럼 촘촘히 숨어 있기 때문이다. 따라서 속내를 꼼꼼하게 따져 보면, 신화가 나타날 당시의 실제 삶을 어느 정도는 엿볼 수 있다.

단군신화 또한 마찬가지다. 일연은 『삼국유사』의 첫머리에 단군신화를 수록하면서 '옛 기록을 따르면'으로 시작했다. 이로 보아 일연의 시대 이전에 단군 이야기는 이미 기록으로 전해졌음을 알 수 있다. 또한 단군신화를 잘 분석해 보면, 양파 껍질

벗겨지듯 신화가 해체되며 당시의 사회상이 조금씩 제 모습을 드러낸다.

단군신화의 줄거리를 알고 있다면, 지금 당장 신화 속에 풍덩 빠져들어 퍼즐 맞추기에 도전해 보자. 도전 속에 발전이 있다. 뭐, 줄거리를 몰라도 걱정은 하지 마라. 장콩 선생이 다음 장에 미주알고주알 풀어 놓을 것이다.

단군은 어떤 사람이었을까?

심호흡을 크게 한 번 하고 콩 선생과 함께 역사 추적자가 되어 이 문제를 해결해 보자.

먼저 '단군'이란 이름표에 주목하자.

단군은 사람 이름이다.

맞는 말일까?

No! No!! 아니다.

부족의 우두머리인 제사장의 칭호일 뿐이다. 즉, 학급의 아이들을 대표하는 학생이 반장인 것처럼, 단군 부족을 대표하는 사람이 '단군'이다.

아니! 이게 뭔 귀신 씻나락 까먹는 소리냐고? 증명할 수 있느냐고? 흥분하지 말고 일단 한번 들어나 봐라. 우리가 고조선의 건국자를 단군왕검이라고 하는데, 여기서 '단군'은 제사장을, '왕검'은 정치적 지배자를 뜻한다. 따라서 단군왕검이란 칭호가 사용되었던 시대는 하늘에 제사를 지내는 일과 나라 다스리는 일을 한 사람이 하는 제·정일치 시대였음을 파악할 수 있다.

퍼즐은 이 지점에서 맞추어진다. 단군이 제사장을 의미한다면, 당시 지배자들은 '단군'이란 이름을 후임자에게 계속 물려주었을 것이다. 과연 그랬을까? 그래 맞다. 그렇다면 이런 해석이 가능하다. 단군으로 상징되는 집단은 무리를 지어 살면서 B.C. 2333년에 청동기 문화를 바탕으로 나라를 세웠고, 지배자의 칭호로 '단군'을 사용했다. 어때! 비교적 타당한 추론이지 않은가?

고조선에는 3개의 조선이 있다는데

우리는 고조선 하면 단군조선만 생각한다. 그러나 고조선은 단군조선, 기자조선, 위만조선으로 나누어 설명할 수 있다.

단군조선은 단군왕검이 국가를 세운 이후 그 후손들이 다스렸던 나라를 말한다. 반면에 기자조선은 중국 은나라[13]가 멸망하면서 기자라는 대학자가 조선으로 망명하여 세웠다는 나라이다.

동양 역사학의 아버지로 추앙받는 사마천[14]이 지은 『사기』에 "은나라 왕족이자 충신인 기자가 나라 멸망을 전후하여 조선으로 망명, 8조법을 만들어서 백성을 교화하였으며, 이에 주 무왕은 기자를 조선왕으로 봉했다."라고 기록되어 있다. 하지만 기자의 조선 입국설이 중국 측 사서에는 나오는 반면, 실제 있어야 할 우리 측에서는 고고학적으로나 문헌학적으로 그 흔적을 발견할 수가 없다. 따라서 현재 우리 학계에서는 기자조선의 실체를 인정하지 않고 있다.

그런데 왜 중국 사람들은 기자의 조선 입국설을 역사서에

13) **은나라** 중국 고대의 왕조로 B.C.1046년에 멸망했다고 전해진다. 흔히들 은나라라고 하나, 정확한 국가 이름은 '상'이다. '은'은 상나라의 수도였을 뿐이다.

14) **사마천** 중국 한나라(B.C. 206~A.D.25) 때의 역사가로 '사마'가 성, '천'이 이름이다. 그가 지은 『사기』는 중국 고대 2000년의 역사를 정리한 책이다.

기록해 놓았을까? 확실하진 않지만, 중국 측 역사가들이 한나라의 고조선 멸망(B.C. 108년)을 정당화하기 위해 뻥튀기했을 가능성이 크다. 중국에서도 기자와 관련된 유적이나 유물은 없다. 그러다가 느닷없이 한나라 시대 역사 기록부터 기자가 등장하니 이상하긴 분명 이상하다.

과거의 사실을 객관적으로 파악하여 기록하는 것이 역사가의 임무라 하더라도 그 역시 사람이기 때문에 자신의 처지나 세계관, 국가관, 종교관 등이 역사 서술 속에 반영될 수밖에 없다. 그래서 역사책을 볼 때는 저자의 국적, 종교관, 세계관 따위를 먼저 파악해야 한다. 이건 진리다, 진리! 빨간색 펜으로 밑줄 쫙 긋고 머릿속에 깊숙이 새겨 넣어라.

여기서 질문을 바꿔 또 다른 문제를 해결해 보자. 어떻게 해서 우리 측 사료에는 없는 기자조선 이야기가 우리 땅에 지금까지 전해지고 있을까? 그것은 중화사상에 입각하여 중국의 작은집이 되고자 했던 조선시대 사림15) 세력들이 우리 민족의 시조를 단군이 아닌 기자로 삼았기 때문이다. 사림들은 성리학적 사고에 입각하여 중국을 최대한 숭배했고, 어떻게 해서든지 우리 민족을 중국과 연결하고자 했다. 그런 사림들에게 기자 이야기는 중국과 연결되는 아주 좋은 통로였다. 요즘 같으면 매국노16)라고 지탄받아 마땅하건만, 사림들이 사회를 이끌어 갔던 시대는 중국을 아버지 나라로 섬기는 게 하늘의 도리였다. 이러한 사고를 성리학적 사고관 또는 중화주의라고 한다. 성리학은 학문 자체가 명분론적 질서를 중시하며, 중화주의(중화사상)는 중국을 세계 문명의 중심에 두는 사상을 말한다.

아! 한심해도 무척 한심하다. 그런데 더 큰 문제는 요즘도

15) **사림** 조선 중기 정치·사회를 주도했던 세력. 성리학을 신봉하고 발달시켰다.

16) **매국노** 자신의 이익을 위하여 나라를 팔아먹은 사람.

그런 세력과 의식이 우리 땅에 존재한다는 것이다. 예전에는 중국을 숭배했다면, 요즘은 태평양 건너에 있는 미국으로 대상이 바뀌었을 뿐이다. 우리 민족의 자주성과 주체성을 되돌아볼 때이다.

아무튼 현재의 학계 입장은 기자조선을 조선의 발전 과정에서 사회 내부에 등장한 새로운 지배 세력으로 파악하거나, 동이족[17]의 이동 과정에서 기자로 상징되는 어떤 부족이 고조선으로 이동해 와 정치의 주도권을 잡은 것으로 이해하고 있다.

17) 동이족 만주와 한반도, 일본 열도에 분포한 종족을 중국인이 부르는 명칭. 일반적으로 고대 시대의 우리 민족을 지칭한다.

위만조선은 진·한 교체기인 B.C. 2세기 초에 중국의 동북 지방에 살고 있던 위만이 중국 내부의 혼란을 피해 무리를 이끌고 조선 땅에 들어와 세운 나라이다. 당시로서는 최첨단 제품인 철제 무기로 무장하고 망명 왔던 위만은 단군조선의 마지막 왕인 준왕의 승인을 받아 고조선과 중국의 경계선인 서쪽 국경 지역을 관리하다가 B.C. 194년에 쿠데타를 일으켜 준왕을 몰아내고 나라를 세웠다. 이 나라가 위만조선이다.

위만조선은 기자조선과 달리 우리 민족이 세운 나라일 가능성이 크다. 중국의 역사서인 『삼국지』 「위서 동이전」에 다음과 같은 기록들이 있다.

"위만의 무리가 고조선으로 들어올 때 상투를 틀었고 조선인의 옷을 입고 있었다."

"왕이 된 뒤에 나라 이름을 그대로 조선이라 했으며, 그의 정권에 토착민 출신으로 높은 지위에 오른 자가 많았다."

따라서 위만이 이끌고 온 무리는 비록 중국 땅에서 망명 왔지만 우리 민족일 가능성이 크며, 위만조선은 단군조선을 계승한 우리 민족의 국가였다고 할 수 있다.

단군 이야기를 해석하면

단군 이야기는 고조선의 건국과 관련된 역사적 사실을 반영하고 있다. 이제 이 사실에 대해서는 의심하지 않으리라 믿으며, 『삼국유사』에 나온 단군 이야기를 본격적으로 들여다보자.

하늘신인 환인에게 환웅이라는 아들이 있었다. 그런데 이 아들은 하늘에서 살기보다는 인간 세상에 내려가 사람들과 함께 살기를 원했다.

환웅은 환인을 날마다 졸랐다.

"아버지, 저는 인간들과 함께 살고 싶어요. 제발 저를 인간 세상에서 살도록 허락해 주세요."

아들이 간절하게 원하자 환인은 "널리 인간을 이롭게 하라(홍익인간)."라고 당부한 다음, 인간 세상을 다스리는 증명서인 천부인[18] 3개를 주어 땅으로 내려 보냈다.

환웅은 자신을 따르는 무리 3천을 데리고 태백산 자락으로 내려와 신의 도시를 건설했다. 무리 중에는 바람을 다스리는 관리인 풍백, 비를 다스리는 관리인 우사, 구름을 다스리는 관리인 운사 등 인간의 삶에 필요한 360여 가지 일을 담당하는 관리들이 있었다.

어느 날이었다. 곰 하나와 호랑이 하나가 환웅을 찾아와 사람이 되게 해 달라며 손가락 지문이 다 닳아지도록 싹싹 빌었다. 그들의 정성을 갸륵하게 여긴 환웅이 쑥과 마늘을 주며 당부했다.

"이 신령스러운 쑥과 마늘만 먹으며 백 일 동안 햇빛을 보

18) **천부인** 하느님이 인간 세상을 다스리게 명했음을 증명하는 도장으로 청동검, 청동거울, 굽은 옥일 가능성이 크다. 모두 청동기 시대에 지배자를 상징하는 물건이다.

지 말고 지내거라. 그러면 사람으로 변신하리라."

그날부터 둘은 빛이 들지 않는 동굴 속에 들어가 쑥과 마늘만 먹으며 사람이 되고자 노력했다. 곰은 끈기 있게 잘 참아 21일 만에 여자의 몸으로 다시 태어났다. 하지만 성질 급한 호랑이는 약속한 기일을 참지 못하고 굴 밖으로 뛰쳐나와 사람이 되지 못했다.

사람들은 곰 여자를 '웅녀'라 불렀다. 웅녀는 무리들과 어울리며 결혼도 하고 아이도 낳고 싶었지만, 그 누구도 웅녀와 놀아 주지 않았다. 이른바 '왕따'가 된 것이다.

웅녀는 자식을 갖고 싶었다. 그래서 다시 환웅을 졸랐다.

"아이가 너무 갖고 싶습니다. 아이 하나만 점지해 주십시오."

웅녀가 간절히 원하자, 환웅은 이를 애처롭게 여겨서 몰래 인간으로 변신하여 그녀와 하룻밤을 함께 보냈다. 웅녀의 배가 남산만 해지더니 떡두꺼비 같은 아들을 낳았다. 이 아이가 고조선의 첫 번째 임금인 단군왕검이었다.

무씨 사당 벽화(중국 산동성 가상현 소재) 중국 한나라 시대 무씨 집안의 사당으로 벽면에 단군신화와 비슷한 내용의 그림이 부착되어 있다.

　이상은 『삼국유사』에 나온 단군 이야기를 이해하기 쉽게 풀어 쓴 것이다. 단군왕검의 탄생 설화이자 고조선의 건국 신화이다.

　자! 그럼 이제부터는 이 이야기 속에 나와 있는 내용들을 속속들이 파헤치며 당시 사회상을 재구성해 보자.

　역사 탐정이 되어 내용을 꼼꼼히 추적해 보면, 고조선의 건국 세력은 선민(選民)의식을 가진 사람들임을 파악할 수 있다. 선민의식은 자신들이 '하늘의 선택을 받은 우월한 사람들'이라고 믿는 사상으로, 지배·피지배 관계가 나타나던 청동기시대에 지배자가 지배 권력을 행사하는 데 큰 도움을 주었다.

환인은 아들인 환웅을 인간 세상에 내려보낼 때, 널리 인간을 이롭게 하라고 당부하면서 천부인(天符印) 3개를 주었다. 여기에 단군은 환웅의 아들이기에 당연히 하늘신인 환인의 혈통을 이어받은 하늘의 손자(天孫)이다. 그러니 고조선의 탄생은 하늘의 뜻이 되고, 개국자인 단군은 하늘이 선택한 지배자가 된다. 선민의식이 고스란히 드러나고 있다.

또한 환웅으로 상징되는 무리는 이주민 집단임을 알 수 있다. 하늘에서 내려왔다고 하지만, 실제로는 선민의식을 지닌 우세한 부족이 북방에서 태백산 지역으로 이주해 온 것으로 해석된다. 태백산을 강원도에 있는 태백산으로 생각하면 안 된다. 여기서 말하는 태백산은 크고 신령스러운 산이라고 해석해야 한다.

환인의 아들 환웅이 풍백, 우사, 운사를 데리고 와 세상을 다스렸다는 것은 이 사회가 농경 사회였음을 말해 준다. 어떻게 아느냐고? 환웅과 함께 온 신하들의 관직 이름이 바람, 비, 구름이었다는 데서 알 수 있다. 농사에 필수적인 자연 현상을 관직명으로 삼았다는 것은 이 사회가 농경을 중시했음을 은연중에 말해 주고 있다.

한편 환웅에게 곰과 호랑이가 찾아와서 사람이 되기를 간청했다니 이건 또 무슨 황당한 소리인가?

동물이 사람으로 변신한다는 것은 유전공학이 발달한 현대 사회에서도 불가능한 일이다. 그러니 글자 그대로 해석해서는 안 된다. 아마 이런 추론이라면 가능할 것이다.

환웅이 이끄는 무리가 이주해 온 태백산 지역에는 본래 곰과 호랑이를 토템(상징물)으로 삼는 부족이 살고 있었다. 이들은 환웅 부족에 비하여 힘이 약해서 그들에게 함께 어울려 살자고 매달렸다. 이때 환웅은 함께 사는 조건으로 매우 어려운 숙제를 내주었다. 곰 부족은 무난하게 해결했다. 하지만 호랑이 부족은 중도에 포기하고 말았다. 결국 환웅 부족은 호랑이 부족을 왕따시키고 곰을 토템으로 믿고 있던 부족과만 연합하여 나라를 세

왔다. 이 나라가 동방의 빛나는 나라 '고조선'이었다.

그럼, 호랑이 부족은 어찌 되었을까? 역사 기록에는 남아 있지 않지만, 환웅 부족에게 전멸당했거나 최소한 환웅 부족을 피해 다른 곳으로 이동해 갔을 것이다. 콩 선생은 전멸보다 다른 곳으로 이동했다는 추측에 손을 들어 준다.

어때! 그럴듯하지. 역사적 상상력은 이런 경우에 필요한 것이다.

자! 그럼 고조선 건국기의 사회상을 정리해 보자.

만주와 한반도의 일부 지역에 고조선을 건설한 사람들은 청동기와 선민의식으로 무장한 선진 부족이었다. 이들은 환웅을 지배자로 하여 태백산 지역에 정착한 후 토착 세력인 곰 부족과 연합하여 새로운 나라를 건설했다. 이 나라가 '고조선'이며 지배자는 '단군왕검'이었다. 한편 고조선은 청동기 문화를 기반으로 한 계급사회였으며, 농경 사회였고, 제·정일치 사회였다.

북한의 단군릉 전경 단군릉은 평양시 강동군 문흥리 대박산 기슭에 위치하고 있다. 45정보의 대지를 조성, 신축한 단군릉은 중국 집안시에 있는 장군총 모양이나, 장군총이 7단의 석총인 데 비해 9단으로 규모가 더 크다. 신축 단군릉의 높이는 22m, 한 변의 길이는 50m이며 화강석 1,994개를 다듬어 쌓아 올렸다. 무덤 밖에는 단군의 아들 4명의 입상과 문무신하상을 배열했다. 네 아들의 이름은 부루, 부소, 부우, 부여로 알려져 있다.

강화도 마니산의 참성단 단군이 하늘에 제사를 지내던 곳으로 전해진다.

토템신앙

토템이란 무엇일까?

국어사전을 찾아보면, 토템을 이렇게 설명하고 있다.

"미개 사회에서, 부족 또는 씨족과 특별한 혈연관계가 있다고 믿어 신성하게 여기는 특정한 동식물 또는 자연물. 각 부족 및 씨족 사회 집단의 상징물이 되기도 한다."

이를 역사와 연결하여 쉽게 풀이해 보면, 신석기시대 이후로 씨족이나 부족들은 자신들에게 강한 힘을 부여해 줄 수호신으로 힘이 센 동물이나 거대한 바위 따위를 섬겼다. 이러한 원시 신앙을 '토테미즘'이라고 한다.

그렇다면 말이야, 단군신화에 나오는 곰과 호랑이 토템 말고도 우리 역사 속에서 또 다른 토템 신앙을 찾을 수 있을까? Oh! Yes. 물론 있다.

공주의 곰나루 전설, 부여의 족장 명칭이 마가(말)·우가(소)·구가(개)·저가(돼지)였던 것, 절의 산신전에 모셔진 수염이 허연 산신 할아버지와 호랑이 등 토템의 흔적은 지금도 여러 곳에서 찾을 수 있다. 또한 우리 민족이 말달리고 다녔던 동북아시아의 광대한 초원 지대에는 곰이나 호랑이, 독수리와 관련된 설화가 많은데 특히 곰의 설화가 많다. 이는 곰을 토템으로 하는 종족이 그만큼 많았음을 의미한다.

그리고 보니 우리 민족의 건국 신화를 공부하다 보면 한 가지 특이한 점을 발견할 수 있다. 단군신화 이후에 나타나는 신화, 즉 고구려나 부여의 신화에서는 곰이 아닌 호랑이가 자주 등장한다는 것이다. 왜 그럴까? 그것은 고조선 이후 우리 민족의 계통에 변화가 생겼음을 의미한다. 다시 말해서 곰 토템 종족에서 호랑이 토템 종족으로 교체되었거나 두 종족이 결합되어 함께 살았다고 볼 수 있다.

 역사 그루터기

공주와 곰나루

공주의 옛 이름은 웅진(熊津)이다. 웅진은 우리말로 풀어 쓰면 '곰나루'이니, 공주의 옛 지명이 배가 정박하는 나루터와 연관되어 있음을 짐작할 수 있다.

곰나루는 현재 공주시 웅진동의 금강 변에 있다. 나무 숲이 함께 어우러져 주변 경치가 꽤나 아름다운 곳이다.
그런데 왜 이곳을 곰나루라고 했을까? 여기에는 원시 신앙인 '토테미즘'을 파악하게 해 주는 슬픈 전설이 깃들어 있다.

옛날 한 젊은이가 강 건너 산에 나무를 하러 갔다가 길을 잃고 헤매었다. 마침 동굴이 보여 굴속에 들어갔더니 곰이 살고 있었다. 곰은 이 남자를 붙잡아 놓고 날마다 사냥을 해 와 먹여 살렸다. 동굴 안에서 둘만 살다 보니, 어느

 역사 그루터기

틈엔가 둘 사이에 사랑이 싹터 두 명의 자식을 낳았다.

세월이 흘러 곰은 사내가 이제는 인간 세상으로 내려가지 않으리라 생각하여 동굴 입구를 막지 않고 사냥을 나갔다. 그러나 이것은 착각이었다. 사내는 인간 세상이 너무도 그리워서 곰 아내와 자식을 남겨 둔 채 강을 건너 자기 집으로 가 버렸다.

사냥에서 돌아온 곰은 사내를 진심으로 사랑했기에 강 건너편에 있는 남자를 애타게 불렀다. 하지만 사내는 들은 척도 하지 않았다. 곰은 절망에 빠져 두 자식을 데리고 강물 속으로 뛰어들어 버렸다. 그 후 금강엔 풍랑이 자주 일어 배가 침몰하는 일이 잦았다.

사람들은 곰의 영혼이 노했기 때문이라 짐작하여 그의 혼을 달래기 위한 사당을 짓고 이곳의 이름을 '곰나루'라고 했다.

2 이곳에도 나라, 저곳에도 나라

알에서 태어난 우리 선조들

역사에 관심이 있다면 바로 풀 수 있는 문제를 하나 내겠다.

다음 사람들의 공통점은 무엇일까?

주몽, 박혁거세, 석탈해, 김알지, 김수로.

서술형이라고 쫄지 말고 천천히 생각해서 답해 보아라.

어렵지 않지?

정답은?

모두 알에서 태어났다.

딩동댕!
잘했다 잘했어.

두 번째 문제.
그런데 이들은 왜 알에서 태어났을까? 만물의 영장인 사람이 알에서 태어난다는 것은 상식적으로 불가능하다. 그럼에도 불구하고 여러 역사책은 이들을 알에서 태어났다고 기록하고 있다. 그것도 새알에서.

참! 이상하다. 왜 그럴까?

이건 잘 모르겠지. 몰라도 좋다. 이럴 때 필요하라고 장콩 선생이 있으니. 콩 선생을 불러 함께 그 이유를 추적해 보자.

예나 지금이나 지배자에겐 자신의 지배력을 강화할 수 있는 수단이 필요하다. 이른바 통치 이념이 있어야 한다. 우리의 현대사를 이끌었던 인물들을 살펴보면 이 문제에 조금 쉽게 접근할 수 있다.

초대 대통령인 이승만은 '반공'을 통치 이념으로 삼아 자신의 지배력을 확대·강화하였다. 뒤를 이은 박정희 대통령 역시 '반공'을 앞장세워 오랜 세월 대한민국의 최고 지도자로 군림하였다. 전두환 대통령은 어떤가? 그 역시 '반공'을 최우선으로 내세우며 나라를 이끌었다. 결국 이들 대통령들에게는 공산당에 반대한다는 '반공'이 자신들의 통치 이념이자 지배 권력을 강화할 수 있는 핵심 수단이었다.

예전에는 이러한 수단이 더욱 필요했다. 현대를 사는 우리들에게는 하늘이 그저 하늘일 뿐이다. 하지만 아주 오래전에는 하늘의 뜻이 반드시 지켜야 하는 최고 명령이었다. 그 시절의 지배자에게 백성들을 통치할 수단으로 가장 손쉬운 것은 하늘의 자손이라고 광을 내는 것이었다.

그런데 생각해 보라. 보통 사람들은 어머니의 자궁에서 열

달을 채우고 '응애응애' 울며 태어난다. 그러나 세상의 모든 것을 다스릴 지배자가 그렇게 태어난다면, 이건 체면이 영 말이 아니다.

그들은 밤낮으로 고민했다. 내 탄생을 위대한 것이 되게 하는 아이디어가 없을까? 그때 마침 하늘을 날던 새가 머리에 똥을 찍 싸고 날아간다.

"웬 놈이 내 머리에 똥을."

지배자는 눈을 치켜뜨고 하늘을 쳐다본다.

독수리 한 마리가 "나! 잡아봐라." 하듯 하늘 높이 솟구친다.

갑자기 머리에 백만 볼트의 전기가 흐른다.

"맞다! 하늘신의 아들이라고 뻥을 치려면 최소한 날개는 있어야지."

하지만 그런다고 문제가 다 해결되는 것은 아니다. 사람이 어찌 날개를 달고 하늘을 날 수 있겠는가? 그 시대에 비행기만 있었더라도 지배자는 고민하지 않았을 것이다.

아무리 생각해도 해결책이 떠오르지 않는다. 때마침 아이디어 하나가 번뜩인다.

"날 수 없다면, 내가 알에서 태어났다고 우기자."

날개 달린 것들은 모두 알에서 태어나니, 나도 알에서 태어나면 최소한 새들의 8촌은 되지 않겠는가? 논리를 세우고 보니 매우 그럴듯했다. '굿 아이디어'였다.

지배자는 이때부터 자기가 알에서 태어났다고 우기며 사람들을 세뇌한다. 세월이 흐르며 지배자의 후손들도 허풍을 치기 시작했다. 자기 선조는 하늘에서 온 사람이니 자기도 하늘신의 자손이라고. 많은 사람들이 믿어 의심치 않는다. 이제 손가락 하나만 까딱해도 사람들이 지배자의 명령에 절대 복종한다. 왜? 하늘신의 자손이니까.

호랑이 담배 피던 시절에 하늘은 이처럼 대단한 존재였다.
그런데 이 글을 읽는 당신의 선조는 알에서 태어났는가? 성이 경주 박씨, 경주 김씨, 김해 김씨면 시조가 분명히 알에서 태어났다. 특히 경주 김씨는 시조가 닭의 알에서 태어났다.

　만약 경주 김씨들이 이러한 배경이 깔린 자신들의 시조 신화를 모른다면, '닭 알에서 태어난 사람의 자손'이란 이야기를 들었을 때 기분이 어떠할까? 황당하기도 하고 기분이 썩 좋진 않을 것이다. 시대가 변하면 논리도 변하는 것이다. 예전엔 분명 대단했던 것이 시대의 변화에 따라 나쁜 것이 될 수도 있는 것이 역사이다. 그래서 역사는 현재적 관점에서 재해석하는 작업이 꼭 필요하다.

고구려의 시조 주몽과
그의 아들들

고구려를 세운 주몽은 본래 부여 출신이다. 아버지는 하늘신의 아들인 해모수였고, 어머니는 물의 신인 하백의 딸 유화였다.

나이 일곱에 스스로 활을 만들어 쏘았는데, 그 솜씨가 천하일품이었다. 부여 말로 활 잘 쏘는 사람을 '주몽'이라 했다.

주몽은 성장하면서 지략이 뛰어나고 통솔력이 좋아 부여의 왕인 금와가 총애했다. 하지만 금와의 아들들은 자기들 자리를 주몽이 차지할까 봐 두려워서 그를 죽이려 했다. 이 사실을 눈치 챈 주몽은 뜻이 맞는 사람들과 함께 부여를 탈출하여 졸본[19] 지방으로 달아나 새 나라를 건국했다. 고구려였다.

『삼국사기』[20]를 보면, 주몽은 탈출하던 중에 엄사수라는 강을 만나 추격해 오는 부여 군사들에게 붙잡힐 뻔했다. 이때 주몽이 물을 향해 "나는 하늘신의 아들이자 물의 신인 하백의 외손자다. 지금 위기에 처해 도망가는 길인데 강을 건널 수 없으니 어찌하랴?"라고 말했다. 물고기와 자라들이 이 말을 듣고 다리를 만들어 주었다. 주몽은 부여 군사의 추격을 따돌리고 유

19) 졸본 고구려의 첫 번째 수도가 있었던 지역. 2대 유리왕 때 동으로 170km 떨어진 국내성(현재 중국 길림성 집안시)으로 수도를 옮겼다.

20) 『삼국사기』 고려 전기의 유학자 김부식이 왕명을 받아 편찬한 삼국시대 역사책. 우리나라에 현재 전하는 역사책 중 가장 오래되었다.

유리 강을 건너 새 정착지 졸본에서 고구려를 건설할 수 있었다. 이른바 한국판 '모세의 기적'이 탄생한 것이다.

그런데 주몽은 부여에서 도망쳐 나올 때 이미 결혼한 몸이었고, 부인의 몸속엔 아이가 자라고 있었다. 출발하기 직전에 부인의 고백으로 임신 사실을 안 주몽은 아내에게 "뱃속의 아이가 나중에 나를 찾거든 일곱 고개, 일곱 골짜기에 있는 바위 위의 소나무에 증표를 숨겨 두었으니 그걸 찾아 나에게 오도록 하시오. 그러면 내 자식인 줄 알겠소."라고 얘기했다.

주몽이 없는 상태에서 부인은 아들을 낳았다. 이름을 유리라 했다.

유리는 아버지를 닮아 활을 잘 쏘았는데, 하루는 동네 여자가 물동이를 이고 가는 것을 보고 장난삼아 화살을 날려 동이에 구멍을 내 버렸다. 난데없는 장난에 화가 난 여인은 유리에게 "아비도 없는 후레자식!"이라고 마구 욕을 해 댔다. 깜짝 놀란 유리는 진흙으로 구슬을 만들어 화살촉에 끼운 후, 다시 활을 당겨 물동이의 구멍을 메워 주었다. 그러고는 집으로 돌아와 어머니에게 아버지의 행방을 물었다. 그때서야 어머니는 유리에게 지금까지 숨겨 왔던 이야기를 해 주었다.

그날부터 유리는 아버지가 숨겨 놓은 증표를 찾기 위해 산으로 강으로 나돌아 다녔다. 몇 날 며칠을 헤맸건만, 아버지가 말한 소나무는 보이지 않았다. 유리는 어깨가 축 처져 집으로 돌아왔다. 마루에 앉아 하염없이 먼 산을 바라보고 있었다. 그때 마침 기둥에서 사락거리는 소리가 들려왔다. 정신이 번뜩 들어 기둥을 살펴보니, 일곱 모가 난 주춧돌 위에 소나무 기둥이 서 있었다.

'이렇게 가까이 있었다니!' 감탄하며 기둥 밑에 틈이 있어 조심조심 손을 넣어 보니 무언가가 잡혔다. 주몽이 숨겨 놓은 부러진 칼이었다.

유리는 어머니와 함께 녹슨 칼을 들고 고구려 땅으로 가서 감격적인 부자 상봉을 했다. 그런데 이게 웬일이란 말인가? 주몽은 졸본에서 그 지방의 족장 딸인 미망인 소서노와 재혼을 하여 두 아들을 두고 있었다(두 아들은 족장의 딸이 전남편과의 사이에서 낳은 자식이라는 설도 있다). 그들의 이름은 비류와 온조였다. 두 사람 입장에서 이복형인 유리의 등장은 청천벽력과도 같은 사건이었다.

주몽은 왕권을 첫째 아들인 유리에게 물려주었다. 이에 실망한 비류와 온조는 어머니인 소서노와 함께 무리를 이끌고 새로운 나라를 건설하기 위해 남쪽으로 내려갔다.

한참을 내려오니 큰 강(현재의 한강)이 보였다. 강의 남쪽(하남)에 도착하자 온조는 이곳에 나라를 세우려 했다. 하지만 형인 비류는 더 좋은 땅에 정착하고 싶어서 한강 줄기를 따라 더 내려가려 했다. 결국 형제는 헤어졌고, 온조는 하남에 위례성을 쌓아 나라 이름을 '십제'라 했다.

비류는 어찌 되었을까?

그는 강을 따라 계속 내려가 현재 인천인 미추홀에 정착했다. 그러나 미추홀은 습기가 많고 물이 짠 곳이어서 사람들이 살기에 적당하지 않았다. 결국 견디지 못한 비류 무리는 위례성으로 다시 돌아왔다.

비류가 살펴보니, 위례성 사람들은 비옥한 땅에서 농사를 지으며 모두가 편안하게 잘살고 있었다. 비류는 자신이 잘못 판단했다고 자책하다가 죽고 말았다. 이후 비류를 따르던 무리들이 모두 십제에 합류했다. 온조는 나라 이름을 '백제'라 고쳤다. 백제의 '백'은 많다는 의미로, '모든 백성이 따른다.'고 해서 정한 이름이다.

이상이 고구려와 백제의 건국 신화이다. 척 보면 알겠지만,

오녀산성 오녀산성은 현재 국내외 학자들에 의하여 고구려의 첫 도읍지로 추정되는 지역이다. 『삼국사기』〈동명성왕편〉에는 "졸본촌(卒本村)에 다다라 바라보니 그 땅이 기름지고 경치도 좋았으며 산과 강이 험하고 견고하였다. 마침내 도성으로 정하였는데 궁실을 지을 겨를이 없어 우선 비류수 가에 간단한 집을 짓고 살았다."라고 하였다. 1986년 철기, 도기, 동기, 자기, 금, 은제품 등의 고구려 유물이 쏟아져 나오고, 주변에서 고구려 무덤군들이 발견됨에 따라 고구려 첫 도읍지임이 확실시되고 있다. 오녀산성의 남, 서, 북벽은 100여 미터 정도 되는 천연 절벽이다.

백제의 건국자는 고구려 주몽의 아들이었다. 그런데도 나중에 두 나라는 영토를 넓히기 위해 전쟁을 치열하게 벌이며 원수지간처럼 지냈다. 참으로 아이러니한 일이 아닐 수 없다.

신라의 건국자 박혁거세

신라를 세운 박혁거세는 경주에 있는 '나정'이란 우물 옆에서 알로 태어났다. 표주박만 한 알에서 탄생했기에 성을 '박(朴)'이라 하였고, 세상을 빛으로 다스린다 하여 이름을 '혁거세(赫居世)'라 했다. 혁거세의 '혁(赫)'은 빛을 뜻한다.

지금의 경주 지역에는 당시 진한[21]의 소국인 사로 6촌이 있었다. 그중 한 부족인 고허촌의 촌장 소벌공이 나정이라는 우물이 있는 숲을 바라보는데, 말이 무릎을 꿇고 땅에 엎드려 긴

[21] **진한** 삼한(마한, 변한, 진한) 중의 한 나라. 진한은 경주를 중심으로 12개의 작은 나라로 구성된 연합 국가였는데, 나중에 신라로 발전하였다.

울음을 울고 있었다. 이상한 생각이 들어 급히 달려가 보니 말은 보이지 않고 큰 알만 덩그러니 놓여 있었다. 촌장은 이상한 생각이 들어 알을 깨뜨렸다. 그런데 이게 무슨 조화란 말인가? 현빈이나 원빈 뺨치게 잘생긴 사내아이가 방긋방긋 웃고 있었다. 촌장은 '이건 하늘의 뜻이다.' 생각하여 정성을 다해 아이를 길렀다. 그러고는 아이가 열세 살이 되자 여섯 부족 사람들과 함께 왕으로 추대하였다.

나정

여기서 잠깐! 혁거세가 알에서 태어났다고 이상하게는 생각지 마라. 인간으로서는 감히 접근할 수 없는 너무너무 신성한 존재여서 알로 태어났을 뿐이다. 아무튼 신라에도 드디어 왕이 탄생하였다. 생일 축하 노래를 힘껏 불러 주자.

그런데 축하 공연에 들떠서 콩 선생이 지금 실수를 하고 있다. 무슨 실수냐고? 혁거세의 칭호를 잘못 말하고 있다.

신라에서 지배자의 칭호를 '왕'이라 부른 것은 6세기 전반부터였다. 따라서 혁거세를 왕이라 해서는 안 된다. 거서간이라고 해야 맞다. 혁거세가 맨 처음 입을 열었을 때 스스로를 '알지거서간'이라 했다 하여 신라 사람들은 자신들의 지배자를 '거실한' 또는 '거서간'이라 불렀다. 거서간은 '지배자'나 '귀인'을 뜻한다.

여기서 끝내면 섭섭하니 혁거세 부인의 탄생 설화까지 이야기하고 다음 주제로 넘어가자.

혁거세의 부인은 알영이다. 알영정이라는 우물에 계룡(鷄龍)[22]이 나타나서 왼쪽 겨드랑이 밑으로 아이를 하나 낳았다. 이 아이를 할머니 한 분이 데려다 길렀는데 이름을 우물 명칭을 따서 '알영'이라 했다. 『삼국유사』에 나오는 이야기이다.

알영은 태어날 때부터 빼어나게 예뻤다. 하지만 치명적인 결

22) **계룡** 닭의 형상을 한 용.

함이 하나 있었다. 아버지가 계룡이어서 그랬는지, 입술이 닭의 부리처럼 길었다. 할멈은 월성 북쪽에 있는 발천이란 내에 가서 아이를 씻겼는데, 입술을 닦아 주자 흉하게 생긴 부리가 뚝 떨어졌다. 아이는 자라면서 얼굴이 더 예뻐져 신라 최고의 미인이라고 소문이 자자했고 슬기롭기까지 했다.

알영의 미모는 당시 결혼을 하지 않고 있던 혁거세 거서간의 귀에까지 들어갔다. 혁거세는 반색을 하면서 사람을 보내 청혼을 했다. 둘은 웨딩마치를 울리고 부부가 되었다.

알영은 행실이 어질고 내조를 기막히게 잘해서 사람들이 나중에 혁거세와 더불어 신라의 성인(聖人)으로 추대했다.

석탈해는 대장장이의 자손이었대요

얼레리 꼴레리, 얼레리 꼴레리.

석탈해는 대장장이 자손이래요.

석탈해는 딴 나라 사람이래요.

석탈해는 알에서 태어났대요.

얼레리 꼴레리, 얼레리 꼴레리.

모두 맞는 말이다.

아마 요즘 같았으면 완전히 '왕따'를 당했을 인물이 석탈해이다.

『삼국유사』를 보면, 탈해의 고향은 일본 쪽으로 천 리나 떨어진 용성국이다(『삼국사기』에는 다파라국으로 나온다). 연구자들 중 일부는 이곳을 제주도나 일본의 큐슈로 생각하고 있다.

용성국의 왕비가 임신 7년 만에 큰 알을 하나 낳았다. 왕은 나라에 해가 된다며 버리라 했다. 왕비는 눈물을 머금고 알을 상자에 넣어 떠나가는 배에 실었다. 이 배가 비바람을 맞으며 정처 없이 떠돌아다니다가 경상도 바닷가(현재 영일만)에 닿았다.

마침 그곳에는 아진의선이라는 할머니가 살고 있었는데, 할멈이 배 위로 올라가 상자를 여니 인물이 훤한 남자아이가 방실방실 웃고 있었다. 때마침 돛대 위로 까치가 잔뜩 날고 있어서 까치 작(鵲) 자에서 새 조(鳥)를 뺀 '석(昔)' 자를 아이의 성으로 삼았다. 또한 상자를 동여맨 끈을 풀고 아이를 꺼냈기에 '벗을 탈(脫)' '풀 해(解)'를 써서 이름을 탈해라 했다.

아이는 성장하여 신라 2대 왕 남해의 사위가 되었는데, 잔

머리 굴리기의 천재이자 우기기 대장이었다.

하루는 탈해가 살 집을 구하기 위해 토함산에 올라갔다. 산마루에서 성안을 내려다보니, 초승달 모양의 집터가 마음에 꼭 들었다.

탈해는 그곳에 집을 짓기로 마음먹고 산을 내려왔다. 그러나 이미 그곳에는 호공[23]이 살고 있었다. 탈해는 몰래 숫돌과 숯을 호공 집 주변에 묻어 두었다. 그리고는 다음 날 아침에 호공의 집으로 가서 자기 조상이 살던 집이라고 막무가내로 우겼다.

[23] 호공 『삼국사기』에 기록된 바로는 본래 왜인(倭人)으로 처음 신라에 올 때 박을 차고 왔다 하여 이름을 호공(瓠公)이라 했다고 한다. 호(瓠)는 표주박을 뜻하는 한자이다. 『삼국유사』에 전하는 석탈해의 호공 집 탈취 사건은 석씨 집단과 호공 집단이 서로 접촉하며 석탈해의 왕위 계승에 관여했음을 보여 주는 설화이다. 탈해는 왕이 된 후 호공을 재상으로 임명해서 함께 정치를 해 나갔다. 만약 정말 집 자리를 놓고 싸웠다면, 호공을 재상에 임명하지 않았을 것이다.

난감해진 호공이 관청에 해결을 부탁하자 관리가 나와 탈해에게 증거가 있느냐고 물었다.

탈해의 대답이 걸작이었다. 집안이 대대로 대장장이였다면서, 잠시 이웃 마을로 옮겨 간 사이 호공이 차지하여 살고 있으니, 땅을 파 보면 그 증거가 나올 것이라고 큰소리를 탕탕 쳤다.

아니나 다를까. 땅을 파 보니 숫돌과 숯이 나왔다. 호공은 눈물을 머금고 자신의 집을 탈해에게 넘겨줘야 했다. 탈해의 계략에 관리들도 속아 넘어간 것이다.

그런데 의문이 하나 있다. 왜 탈해는 초승달 모양의 집터를 자기가 살 집으로 점찍었을까? 이상하지 않은가? 힘들게 굳이 남이 살고 있는 집터를 고집한 데에는 필시 연유가 있을 것이다. 지금부터는 그 얘기를 풀어 보자.

보름달과 초승달 중 어떤 것이 더 예쁜가? 쟁반같이 둥근 보름달이지. 그런데 보름달은 그 이후 어떻게 되지? 점차 반달로 변해 가다, 흔적도 없이 사라져 버린다. 반면에 초승달은? 비록 꾀죄죄하고 볼품없지만 시간이 흐르면서 탐스러운 보름달로 변신한다.

자! 질문 나간다. 쉬운 질문이니 바로 대답하자.

보름달과 초승달 중 하나를 가지라고 한다면 어느 쪽을 선택하겠는가?

콩 선생은 초승달이다. 왜냐고? 초승달은 보름달이 될 가능성이 크기 때문이다.

탈해 또한 그렇게 생각했다. 아직도 잘 모르겠다고? 그럼 계속해서 설명을 할 테니 주의 집중!

산과 물길의 생김새를 가지고 운이 좋고 나쁨을 판단하는 전통지리 사상을 '풍수지리설'이라 한다. 이 설을 근거 삼아 해석해 보면, 탈해의 행위가 쉽게 이해될 것이다.

풍수지리적으로 초승달 집터는 지금은 별로지만 앞으로 최고가 될 가능성을 무한히 갖고 있는 곳이다. 왜냐고? 초승달이 점점 커져서 보름달이 되듯이, 초승달 집터에 살면 날로 발전할 수 있다.

　이러한 이유 때문에 탈해는 초승달 집터에 유난히 집착했던 것이다. 그리고 보면 탈해는 우리나라 최초의 풍수지리가라고 할 수 있을 것 같다.

　질문이 하나 더 있다.

　왜 탈해는 하고많은 물건 중에서 숫돌과 숯을 증거로 숨겼을까?

　곰곰이 생각해 보면, 이 또한 쉽게 추리할 수 있다.

　앗, 숫돌이 무엇인지 모른다고? 숫돌은 낫이나 칼을 갈 때 쓰는 돌판이다. 지금은 농촌에 가도 숫돌을 찾기 힘들지만, 1970년대까지만 하더라도 집에 숫돌 하나씩은 반드시 있었다. 대장간에서 만든 칼이 무뎌지면, 칼날을 세우기 위해서였다.

　대장간은 쇠를 이용해 생활 용구를 만드는 곳이고, 쇠를 다루고 날을 세우는 데 반드시 필요한 것이 숫돌과 숯이었다. 탈해가 숯과 숫돌을 자기 조상이 살았던 집터의 증거로 제시했던 것은 탈해로 상징되는 석씨 부족이 철을 자유자재로 다룰 줄 아는 선진 부족이었음을 암시한다. 더 나아가 철을 능숙하게 다룰 수 있는 부족이었다면, 그 부족은 상당히 강한 지배력을 가지고 있었을 것이다. 당시 철은 지금으로 치면 반도체 정도의 최첨단 재료였기 때문이다.

 탈해의 소문은 남해왕에게까지 전해졌다. 남해가 생각하기에 그 정도 머리면 나랏일도 잘할 수 있을 것 같았다. 그래서 그는 자신의 딸과 탈해를 결혼시켰다. 이제 탈해는 거처할 집과 어여쁜 아내가 생긴 데다 신라의 지배층으로 활동할 수 있게 되었다. 이러한 경우를 '꿩 먹고 알 먹고 둥지 털어 불 땐다.'고 한다. 초승달 집터를 차지한 보람은 충분히 있었다.

 탈해에게는 이런 이야기도 전한다.
 남해왕이 죽으면서 유언을 남겼다.
 "아들, 사위를 막론하고 나이 많고 어진 사람이 임금 자리를 이어라."
 처남 매제 사이인 탈해와 유리는 '형님 먼저, 아우 먼저' 하며 서로에게 임금 자리를 양보했다. 끝까지 결론이 내려지지 않자, 탈해가 기발한 아이디어 하나를 제시했다.

"무릇 덕이 있는 자는 이가 많다고 하니, 이빨 개수를 세서 많은 사람이 임금을 합시다."

유리가 그러자고 동의했다. 두 사람은 떡을 꽉 물어 잇자국이 나게 한 다음, 그 수를 헤아렸다. 유리가 이의 금(잇금)이 더 많았다. 그래서 먼저 유리가 임금 자리에 올랐고, 탈해는 유리가 죽은 후에 임금 자리에 올라 신라의 제4대 임금이 되었다.

신라는 고유 왕호를 사용했다는데

신라는 오랜 기간 순수한 우리말식 고유 왕호를 사용하다가, 6세기 초 지증왕 때부터 중국식 지배자의 칭호인 '왕'을 사용하기 시작했다.

신라의 왕 이름은 '거서간→ 차차웅→ 이사금→ 마립간→ 왕'의 순으로 변했는데, 이러한 변화는 신라의 사회 발전 과정과 밀접한 연관이 있다. 즉, 족장들의 회의에서 지배자를 추대하던 것에서 세습제로 바뀌었고, 뒤이어 부자상속제로 변했음을 알 수 있다. 물론 이는 왕권이 확대·강화되어 가는 과정이기도 했다.

신라의 첫 번째 지배자인 혁거세 때 왕호는 거서간이었다. 불구내(태양)의 뜻을 가진 이름으로 '지배자'나 '귀인'이라는 의미를 지닌다. 2대 남해 때 사용한 차차웅은 '무당'을 뜻한다. 정치보다 하늘에 제사를 지내는 권위가 더 컸던 제·정일치 시대였기에 가능한 지배자의 이름이다. 3대 유리부터 16대 흘

역사 그루터기

해까지 사용된 이사금은 '잇다'라는 뜻을 가졌다. '전임자를 계승한 사람'이란 의미를 가진 칭호이다. 17대 내물부터 사용한 마립간은 우두머리를 뜻하는 '마리[頭]'의 이두식 표현으로 최고 우두머리를 의미한다. 한편 마립간은 지위가 높고 낮음에 따라 좌석을 표시했던 말뚝으로, 그 자리에 앉은 사람을 부르는 칭호라고 해석하기도 한다. 어찌 되었건 마립간이 지배자의 칭호로 사용된 것은 이 시기부터 지배자의 권한이 크게 강화되었음을 뜻한다.

제22대 지증왕 때부터는 중국의 문물을 본격적으로 받아들이면서 중국식 지배자의 칭호인 '왕'을 사용했다. 이는 중국 문물의 수용 속에 왕의 권력이 강화되고 있음을 알려 준다.

▶ 신라 지배자의 칭호 변화

	거서간	차차웅	이사금	마립간	왕
재위 임금	1대 박혁거세	2대 남해	3대 유리 ~16대 흘해	17대 내물 ~21대 소지	22대 지증 ~56대 경순
의미	지배자 또는 귀인	무당	연장자 또는 계승자	대군장(최고 우두머리)	중국식 지배자 칭호

김알지와 그의 후손들

유리가 죽고 드디어 탈해가 왕이 되었다. 탈해는 호공을 재상(지금의 국무총리)으로 삼아 나라 일을 함께 논의했다. 어느 날이었다. 호공이 길을 가다가 시림(계림)이라는 숲에서 광선이 퍼져 나오는 것을 보았다. 호공은 기이한 생각이 들어 급히 시림으로 달려갔다.

이게 무슨 깜짝쇼란 말인가? 황금 상자가 걸린 나무 아래에서 흰 닭이 구성지게 울고 있었다. 깜짝 놀란 호공은 왕궁으로 달려가 이 사실을 왕에게 알렸다.

탈해가 숲으로 달려가서 상자를 열었더니 한 아이가 누워

계림

있었다. 하늘이 내려준 이 아이의 이름을 김알지라 했다. 황금 상자에서 나왔으므로 성을 '김(金)'이라 했고, 아기를 뜻하는 '알지'를 이름으로 삼았다.

알지는 탈해의 극진한 보살핌 속에 '엄친아'로 성장했다. 임금 노릇을 잘할 것 같아 탈해는 알지를 태자로 삼으려 했다. 그러나 알지가 거부했다. 누구나 하고 싶어 하는 왕 자리를 스스로 마다한 것이었다.

왜 그랬을까? 확실하지는 않지만 미루어 짐작해 보건대, 알지로 상징되는 부족의 힘이 왕을 배출할 만큼 강하지 못했던 것 같다.

그런데 왜 『삼국유사』에는 알지가 임금 자리를 스스로 거부했다고 나와 있을까? 이것도 확실치는 않지만, 나중에 권력을 잡은 경주 김씨 세력들이 자신들의 시조가 덕이 많은 인물이었음을 증명하기 위해 적절히 미화했을 가능성이 크다.

아무튼 경주 김씨 세력은 아쉽지만 다음 기회를 노려야 했다. 날이면 날마다 운동장도 돌고 팔굽혀펴기도 하면서 힘을 길렀다. 드디어 경주 김씨에게 기회가 찾아왔다. 알지의 6대 손자 구도의 아들이 바라고 바라던 왕위에 올랐다. 미추 이사금이었다. 경사도 보통 경사가 아니다.

하지만 아직 김씨 부족이 왕위를 독점해 나갈 정도로 막강한 파워를 갖춘 것은 아니었다. 어떻게 아느냐고? 미추가 죽고 왕위는 다시 석씨에게 넘어갔다. 김씨들은 호시탐탐 다음 기회를 노리며 힘을 더 길러야 했다.

4세기 중반, 드디어 다시 기회가 찾아왔다. 미추의 동생 말구의 아들이 왕위에 올랐다. 내물 마립간의 탄생이었다. 이때부터 경주 김씨는 신라 멸망 때까지 줄곧 왕위를 독점하면서 37명의 왕을 배출하였다.[24] 드디어 경주 김씨가 신라의 '짱'이 된 것이다.

24) 신라의 맨 마지막 임금인 경순왕은 김씨이다. 그러나 그 직전 왕 세 사람은 박씨이다. 신라 말기에 왕권이 쇠약해진 상태에서 진골 귀족들이 서로 왕이 되기 위해 경쟁했기 때문에 생긴 일이다.

잃어버린 왕국, 가야

하늘과 땅이 열리고 난 후, 이름도 없고 왕과 신하의 칭호도 없었을 때에 변한[25] 지방은 아홉 명의 족장이 각기 자기 부족을 다스리고 있었다.

　어느 날이었다. 김해시 북쪽에 있는 구지봉에서 이상한 소리가 났다. 족장들은 무리를 이끌고 소리가 나는 구지봉에 올라갔다. 정상까지 올라갔지만 사람은 코빼기도 보이지 않고 어디선가 말하는 소리만 계속 들려왔다.

25) **변한** 기원 전후 무렵의 한반도 남부 지방에 있었던 삼한 중의 한 나라. 현재 경상남도 지방에 있었다.

하늘이 나에게 명하여 이곳에 와서 나라를 세우고 왕이 되라 하셨다. 너희들은 이곳에서 땅을 치며 "거북아, 거북아 머리를 내밀어라. 내밀지 않으면 구워서 먹겠다."고 노래하며 춤을 추어라. 그러면 하늘에서 보낸 임금을 맞이할 것이다.

우리 민족의 고대 시가를 대표하는 「구지가(龜旨歌)」의 출현이었다.

사람들이 하늘의 명에 따라 노래를 부르며 춤을 추니, 천상에서 붉은 보자기에 금함을 싼 자주색 줄이 내려왔다. 상자를 열어 보니 황금알 여섯 개가 담겨 있었다. 아도간의 집으로 함을 옮겨 와 12일이 지난 후에 사람들이 다시 모여 상자를 열어 보았다. 여섯 아이가 방긋방긋 웃고 있었다.

이들 중 가장 먼저 알을 깨고 나온 아이를 왕으로 삼았다. 이름을 수로(首露)라 했다. 이유는? 첫 번째로 태어났기 때문이다. 수로의 '수(首)' 자는 처음을 뜻한다. 수로 이외의 다섯 아이도 모두 임금이 되어 각기 제 나라를 다스렸다. 가야 6국의 탄생이었다.

　수로는 왕위에 오른 지 6년 뒤에 아유타국[26]의 공주 허황옥과 인연을 맺어 결혼하였다.

　그런데 의문이 하나 있다. 고구려, 백제, 신라가 있던 시대에 한반도 남부 지역에는 분명 가야국이 발전하고 있었다. 그런데도 우리는 가야를 왕따시키고 그 시대를 '삼국시대'라고 한다. 왜 그럴까?

　그야 뻔할 뻔 자 아니냐고?

26) **아유타국** 고대 인도에 있었다는 나라이나 확실하게 고증된 바는 없다.

김수로왕 초상(좌)과 허황후 초상(우)

그럼 얼른 말해 보아라.

고구려, 백제, 신라가 중앙 집권 국가로 발전한 데 반하여 가야는 연맹체 국가에 머물렀기 때문이다.

딩동댕!

두 번째 질문이다.

그렇다면 가야는 왜 중앙 집권 국가로 성장하지 못했을까?

현재 발굴되고 있는 가야의 유물들을 살펴보면, 가야는 경제나 문화 면에서 백제·신라와 어깨를 견줄 만큼 발달한 나라였다. 특히 질 좋은 철이 많이 생산되어 중국·일본 등지에 수출하면서 막강한 해상 왕국으로 자리 잡았다. 그런데도 가야는 신라에게 멸망했다.

그것 참 이상하다. 이가 상하면 치과를 가라고? 험험, 그 '이' 문제가 아니니 머리를 굴려 천천히 생각해 봐라.

먼저 가야가 있는 위치에 주목하자. 삼국의 국경선을 표시해 놓은 지도에서 가야를 찾아보면, 가야는 백제와 신라 사이에 끼어 있다. 이런 지리적 조건에서는 가운데 있는 나라가 강하면 양쪽 국가를 제압하면서 영토를 크게 넓혀 나갈 수 있다. 반면에 주변 국가가 강하면 가운데 있는 나라는 샌드위치 신세가 되어 이쪽에서 한 방, 저쪽에서 한 방 얻어터지기 십상이다. 가야가 꼭 그랬다. 백제와 신라의 확장 정책 속에 속수무책 당하기만 하며 혼비백산했다.

물론 가야의 멸망 원인이 지리적 조건에만 있는 것은 아니

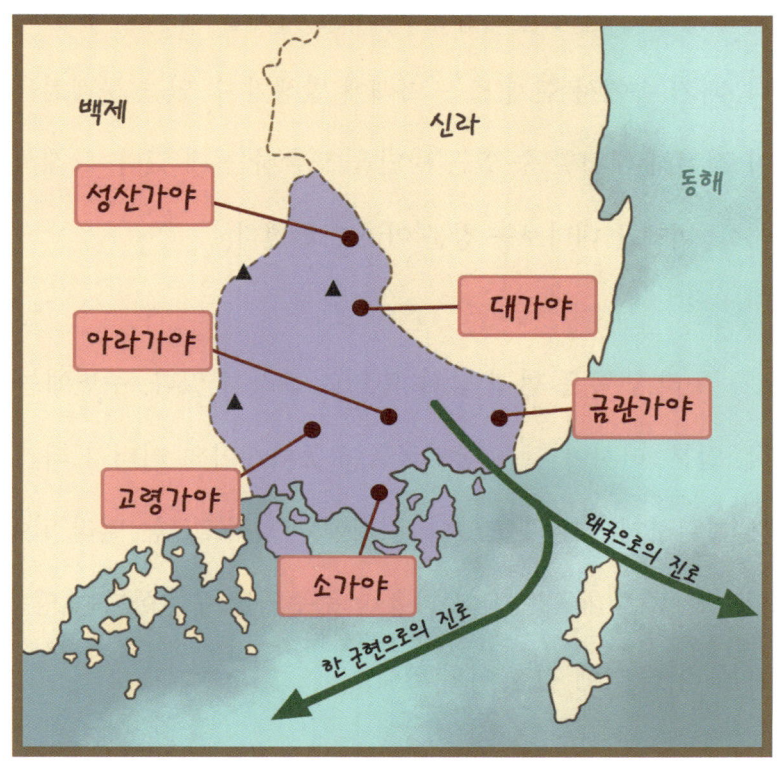

가야 연맹

다. 돋보기를 들고 조금만 꼼꼼히 들여다보면 가야 내부의 문제점도 상당했음을 알 수 있다. 가야 6국은 철을 수출해서 경제력이 탄탄했다. 그렇다 보니, 강대국으로 성장하기 위한 전제 조건인 내부 통합, 즉 통일에 대한 의식이 강하지 못했다. 아무리 부자 나라도 내적 단결이 부족하면 쉽게 멸망한다.

가야 멸망은 현재를 사는 우리에게 많은 것을 던져 준다. 역사 공부가 필요한 이유는 과거 그 자체를 배우는 데 있지 않다. 과거 속에서 현재 또는 미래에 발생할 수 있는 문제점을 찾아 적절히 대처할 수 있는 방안을 도출하는 데 있다. 그래서 역사를 '미래를 내다보는 창문'이라고 말한다.

우리 민족은 현재 남과 북으로 갈라져 있다. 주변에는 중국, 일본, 러시아 같은 강대국들이 동아시아의 리더가 되기 위해 치열하게 경쟁하고 있다. 여기에 지리적으로는 멀리 떨어져 있지만, 초강대국 미국이 자유 민주주의를 수호한다는 명분으로 우리 땅 안에 진을 치고 있다.

역사 속에서 살펴볼 수 있는 진리 중의 하나가 국가와 국가는 아무리 친하더라도 결국은 자민족, 자국민의 이익이 먼저라는 것이다. 주변이 온통 강대국으로 둘러싸인 오늘날의 우리에게 가야 사람들은 어떤 말을 해 주고 싶을까? 아마 "남과 북이 반드시 평화통일을 이룩해서 자주적인 민족국가로 세계 발전에 기여하라."고 할 것 같다.

우리는 가야의 역사에서 우리 민족의 미래상을 엿보아야 한다. 역사 속에 현재가 있고 과거를 통해 미래를 살필 수 있다.

역사 그루터기

철의 왕국, 가야

가야는 '철의 왕국'이라 말할 수 있을 정도로 철 생산이 많았다. 가야의 전신인 변한도 철로 유명했는데, 3세기 때 중국 사람 진수가 지은 『삼국지』 「위지 동이전」에 다음과 같은 기록이 보인다.

"국(國)에서 철을 생산하여 한·예·왜가 모두 와서 철을 얻어 간다. 장사 지낼 때에는 철을 사용하는데 마치 중국에서 돈을 사용하는 것과 같다. 또 철을 두 군(낙랑군, 대방군)에 공급한다."

여기서 '국'은 변한 지역을 말하며, 특히 김해의 구야국일 가능성이 크다. 구야국은 '금관가야'로 금(金)은 쇠(鐵)를 뜻한다. 일본의 고대 역사를 정리해 놓은 『일본서기』에는 금관가야를 '수나라'나 '소나라'로 적고 있다. '수'나 '소'는 쇠(鐵)의 또 다른 표현이라 추정된다.

김해 지역은 중국과 한반도, 일본 열도를 잇는 교통의 요지다. 금관가야는 철 생산과 지리적 이점을 활용한 교역을 통해 크게 번성했다. 이들은 바닷길을 통해 철을 이웃 나라에 수출하였고, 덩이쇠로 만들어 화폐와 같이 사용하였으며, 심지어 무덤에 부장품으로 묻어 죽은 자의 사회·경제적 지위를 과시하기도 했다.

금관가야만 철 생산이 많은 것은 물론 아니었다. 다른 가야들도 철 생산을 통해 부를 축적했다. 신라와 백제의 각축전 속에 5세기로 접어들며 금관가야가 쇠락하고 가야의 중심지는 고령의 대가야로 넘어갔다.
고령 지방에는 '야로'라는 이름을 가진 지역이 있다. 야로는 대장간에서 쇠를 달구기 위해 불을 지피는 도구로 순수 우리말로 '풀무'라 한다. 따라서 야로는 쇠와 밀접한 연관을 가진 지명으로 조선시대에도 이곳은 철산지로 유명했다. 이로 보아 대가야도 철을 많이 생산했으며, 철을 통한 부의 축적이 대가야를 후기 가야연맹의 주축으로 밀어 올렸음을 확인할 수 있다.

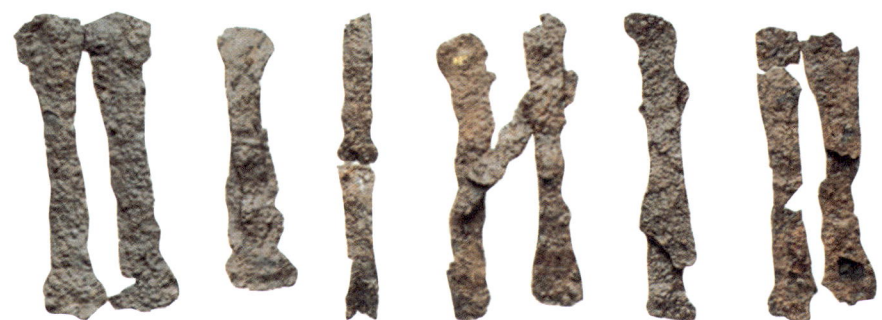

나라를 세운 사람들의 이야기는 왜 과장되었을까

고조선을 세운 단군은 곰의 아들로 태어나 1908세에 돌아가셨다. 고구려를 세운 주몽은 알에서 태어났다. 신라의 초기 지배자들인 박혁거세, 석탈해, 김알지 역시 알에서 태어났다. 가락국의 시조 김수로왕은 158세에, 부인이었던 허황후는 157세에 세상을 떠났다.

믿을 수 있나? 믿기 어렵지.
콩 선생도 절대 믿을 수 없다. 하지만 허풍이 심하다고 해서 내용 전체를 부정할 수는 없다. 어느 민족이건 시조와 관련된 설화는 많은 부분이 과장되어 있다. 왜? 시조의 출신 성분이 신성하게 보이도록 후대에 덧칠을 많이 했기 때문이다.

물론 그렇다고 각 나라의 건국 시조 설화 속에 역사적 사실이 전혀 없는 것은 아니다. 역사 탐정이 되어 설화의 내용을 면밀히 분석해 보면, 밑바탕에 숨어 있는 역사적 사실을 발견할 수 있다.

우리 고대 역사를 기록하고 있는 『삼국사기』나 『삼국유사』에는 믿기 어려운 건국 시조 설화가 다수 실려 있다. 주몽 이야기, 탈해 이야기, 수로왕 이야기 등등. 이 설화들 모두가 황당한 내용이 많아 그 누구도 원본 그대로 믿지 않는다. 그러나 『삼국사기』나 『삼국유사』를 소설책이라고 비난하며 도매금으로 넘길 수는 없다. 과장과 비유를 걷어 내면 당시의 사회상을 짐작할 수 있는 역사적 사실이 드러나기 때문이다. 단지 문제는 어디까지가 '뻥'이고 어디서부터 역사적 사실인지 구별이 쉽지 않다는 것이다.

김수로왕의 부인인 허황후 설화만 하더라도 지금까지 '허황후가 과연 인도 사람인가?' 하는 데 대해 많은 연구가 진행되어 왔다. 하지만 아직도 진실이라고 자신 있게 말하지는 못하고 있다. 물론 인도 아요디아 지방에서 각종 장식에 사용하고 있는 물고기 문양이 수로왕릉의 정문에서 보이고, '가락'이 고대 인도어인 드라비다어에서 물고기를 뜻하기에 허황후가 인도에서 왔을 가능성은 다분하다. 하지만 이런 단서는 허황후의 인도 전래설을 추측할 수 있게만 할 뿐, 확실한 물증은 되지 못한다.

신화나 설화를 통해서 당시의 사회를 복원하는 것은 매우 어렵다. 또한 왜곡의 소지가 많기 때문에 매우 조심스럽게 접근해야 한다. 고대 역사의 복원이 어려운 이유가 여기에 있다.

수로왕릉 정문의 물고기 문양

3 전쟁의 승자들
땅따먹기

땅따먹기의 챔피언 광개토대왕

만약 땅따먹기 경기가 있다면, 우리나라 역대 임금 중에서 누가 챔피언이 되었을까? 근초고왕, 장수왕, 진흥왕, 문무왕 등 여러 임금들이 후보군을 형성했을 것이다. 그러나 아무래도 땅따먹기의 챔피언은 광개토대왕이 차지했을 것 같다.

광개토대왕, 그는 누구인가? 중국 길림성 집안시에 서 있는 광개토대왕릉비를 참고하면, 광개토대왕의 이름은 '담덕(談德)', 시호는 '국강상 광개토경 평안호태왕'인데 이를 줄여서 광

개토대왕이라 한다. 연호는 영락이다.

대왕은 391년에 왕위에 올랐는데 그때 나이가 불과 18세였다. 그야말로 머리에 피도 안 마른 새파란 청춘이었던 셈이다.

광개토대왕이 왕위에 오를 당시는 고구려, 백제, 신라가 이미 중앙 집권 국가로 발돋움하여 서로 치열하게 대립하고 있을 때였다. 중국은 어떠했냐고? 변방에 살고 있던 다섯 오랑캐(5호)들이 들어와 16국을 형성하고 있던 5호 16국 시대로 대단한 혼란기였다. 전쟁이 일상다반사였고, 지배자들의 땅따먹기 전쟁에 동원된 백성들은 마치 전쟁 기계처럼 살고 있었다. 당시 중국에서는 농촌이 황폐화되었으며, 먹고살 것이 크게 부족하여 사람이 사람을 잡아먹는 등 비참함이 극에 달했다.

여기서 잠깐! 중국인들이 생각하는 오랑캐에 대해 이야기해 보자. 중국인들은 자기들 이외의 이민족들을 전부 오랑캐라 여겼다. 지금 생각해 보면, 개가 풀을 뜯어 먹는 소리다. 하기야 요즘은 풀을 뜯어 먹는 개도 있어서 인터넷에 '인증샷'이 간혹 올라오기도 하니 이 말도 조심해서 써야 한다. 그러나 예전 사람들은 개는 굶어 죽을지언정 풀은 뜯어먹지 않는다고 생각했다. 그래서 어처구니없는 말을 하면, "개 풀 뜯어 먹는 소리 하지 마라."고 면박을 주고는 했다. 어처구니는 또 뭐냐고? 이것은 본래 '맷돌을 돌리는 나무 손잡이'를 뜻한다. 이게 없으면 맷돌을 돌릴 수 없다. 따라서 '어처구니없다'는 기가 막히고 어이가 없다는 의미로 사용된다.

아무튼 중국 본토에 자리 잡고 살았던 한족(漢族)들은 자기들 이외의 민족을 모두 오랑캐로 생각했다. 5호(胡)는 중국 주변에 살고 있던 흉노족, 선비족, 갈족, 강족, 저족을 말한다. 이들은 한족의 힘이 약해진 틈을 타 자주 중국을 침범해 들어갔는데, 4세기 초부터 5세기 전반까지 중국 땅 안에는 16개 국가가 5호에 의해 우후죽순처럼 세워져 서로 다투고 있었다. 이를 5호 16국 시대라 한다.

중국 사람들은 우리 민족 역시 자기들 땅의 동쪽에 있다고 해서 '동이(東夷)'라고 불렀다. '이(夷)'는 오랑캐를 뜻하는 한자이다. 중국 사람들이 우리를 이렇게 불렀다고 해서 우리가 오랑캐냐? 그건 절대 아니다. 중국 고대인들의 주변 민족에 대한 인식이 그렇단 얘기다. 다만 '동이족'이라는 말은 별로 좋은 뜻이 아니니, 우리 스스로 사용할 필요는 없다.

한 가지 재미있는 사실은 동이족의 '이(夷)'는 '큰 대(大)'와 '활 궁(弓)'이 결합된 글자로 큰 활을 뜻한다. 한자를 만든 중국의 고대인들도 우리 민족 하면 활이 연상됐나 보다. 그러고 보니, 우리 민족이 활 하나는 참말로 잘 쏜다. 고구려 건국자 주몽부터 조선을 세운 이성계까지, 백발백중 명궁들이 우리 역사에 차고 넘친다. 어디 그뿐이랴! 요즘도 올림픽이나 각종 세계 대회가 열리면 양궁 금메달은 거의 우리가 독차지한다.

곁가지 이야기는 여기서 멈추고 다시 본론으로 돌아가자.

중국이 분열되어 있는 틈을 타서 광개토대왕은 대규모 정복 전쟁을 벌였다. 그 시작은 백제에 대한 공격이었다. 대왕은 북쪽인 요동(라오둥) 지방 공격에 앞서 후방의 위협을 제거하기 위해 391년, 손수 4만 군사를 이끌고 백제를 공격하여 한강 부근까지 진출하였다. 395년에는 북으로 말 머리를 돌려 거란의 한 부족인 비려를 정복하고, 더 나아가 거란을 공격하여 묵사발을 냈다. 396년에는 백제가 싸움을 걸어오자 대대적인 공격을 감행하여 뜨거운 맛을 보여 주었다. 400년에는 신라의 구원 요청으로 신라 땅에 쳐들어온 왜구를 격퇴하였으며, 곧이어 요하 건너편에 있던 후연과 싸워 요동 지역 전체를 고구려의 영역으로 확보하였다. 이로써 고구려는 북으로는 흑룡강, 남으로는 임진강, 동으로 연해주, 서로는 요하에 이르는 대제국을 건설하여 동북아시아의 패자(覇者)가 되었다.

광개토대왕의 업적을 정리해 놓고 보니, 정말이지 대왕의 정력적인 정복 사업에 혀를 내두르게 된다. 그러나 이런 광개토대왕도 죽음은 어찌할 수 없었다. 412년 39세의 젊은 나이에 세상을 떠났다.

"오매! 오매! 고구려는 어찌하라고!" 하며 발을 동동 구를 필요는 없다. 뒤를 이어 고구려를 이끈 인물이 그 이름도 유명한 장수왕이다. 장수왕 또한 아버지인 광개토대왕처럼 고구려의 영역을 크게 확장한 땅따먹기의 챔피언이었다.

보호각을 만들기 전의 광개토대왕릉비

역사 그루터기

시호, 묘호, 연호

시호는 훌륭한 사람이 죽었을 때 그 사람의 업적을 평가하여 붙여 주는 본명 이외의 이름, 즉 별명이다.

고구려를 위풍당당한 대제국으로 일군 '광개토왕'은 『삼국사기』에 나온 시호이다. 그러나 광개토대왕릉비에는 '국강상 광개토경 평안호태왕(國岡上 廣開土境 平安好太王)'이란 긴 시호가 새겨져 있다. 국강상은 광개토대왕이 묻힌 땅 이름이고 뒷부분은 '영토를 넓게 확장하여 나라를 평안하게 한 대군주'라는 뜻이다. 이 시호만으로도 광개토대왕의 업적을 한눈에 파악할 수 있다.

우리가 일반적으로 쓰지 않기에 생소하지만, 고려를 건국한 왕건의 시호는 '신성(神聖)'이었고, 조선을 건국한 이성계의 시호는 '강헌(康獻)'이었다. 시호는 또한 국가에 공이 많은 신하가 죽으면 임금의 명으로 하사되기도 했다. 이순신 장군 앞에 수식어처럼 따라붙는 '충무'가 바로 그것이다.

그럼 묘호는 뭘까? 묘호는 '종묘에서 제사 지낼 때 사용하는 이름'이란 뜻이다. 임금이 죽으면 위패[27]를 종묘[28]에 모실 때 시호와 함께 붙여 준다.

왕이 죽으면 신하들은 왕의 일생을 평가하여 시호와 함께 묘호를 정하는데, 우리가 일반적으로 왕을 부를 때 쓰는 '태조' '태종' '세종' 등이 바로 묘호이다.

묘호 뒤에 붙는 '조(祖)'와 '종(宗)'의 차이는 명확하지 않다. 다만 '조'는 공이 탁월한 임금, 즉 나라를 세운 왕과 그에 버금갈 정도로 나라를 중흥한 임금에게 붙여 주고, 평탄하게 나라를 다스린 대부분의 임금들에게는 '종'을 붙여 주었다.

'조'를 붙일지 '종'을 붙일지는 신하들의 평가에 달려 있었으나, 심한 경우에는 이미 정한 묘호를 후대에 재평가하여 바꾸기도 했다. 예를 들어 조선 중기에 임금을 했던 선조의 경우 본래 묘호가 선종이었다. 그러나 죽은 지 한참 지난 뒤에 조정에서 재논의를 하여 "임진왜란 때 왜구를 물리친 커다란 공이 있다."고 하여 묘호를 '조'로 바꾸어 주었다.

연호는 군주 국가에서 왕의 재위 기간을 표시하는 이름이다. 즉, 새 왕이 왕위에 오르면 일단 연호를 정하고 연호에 맞춰서 '○○ 원년' '○○ 1년' 하는 식으로 연도를 매겨 나갔다. 그런데

27) 위패 죽은 사람의 이름과 죽은 날짜를 적은 나무패로 '죽은 사람' 그 자체를 상징한다.

28) 종묘 죽은 왕과 왕비들의 위패를 모신 사당

역사 그루터기

아쉽게도 우리나라 왕들은 독자 연호를 사용하기보다는 중국의 연호를 빌려 쓰는 경우가 많았다. 소국이 대국을 존중하고 섬겨야 한다는 사대의식의 결과였다.

다만 우리나라 역대 임금들 중 몇 왕은 독자 연호를 제정하여 사용하기도 했다. 그 대표적인 임금이 고려 광종이다. 광종은 '광덕' '준풍'이란 독자 연호를 사용했다. 또한 조선 말기에 임금을 한 고종도 아관파천[29] 이후에 나라 이름을 대한제국으로 변경하며 독자 연호인 '광무'를 사용했다. 이러한 독자 연호의 사용은 대체로 중국과 대등한 권한을 가진 자주국임을 강조함과 동시에 왕권을 강화하기 위해서였다.

29) **아관파천** 명성왕후가 시해된 을미사변(1895) 이후 일본군의 무력에 신변 위협을 느낀 고종과 왕세자가 1896년 2월부터 약 1년간 러시아 공사관으로 거처를 옮긴 사건.

고구려인의 천하관이 나타난 광개토대왕릉비

고구려의 수도 국내성이 자리 잡고 있었던 중국 길림성 집안시에 가면 우뚝 솟은 광개토대왕릉비를 볼 수 있다. 높이 6.39미터 무게 37톤에 달하는 거대한 비석이다.

이 비석은 414년에 고구려 제20대 장수왕이 아버지인 광개토대왕의 업적을 기려 만든 것이다. 가공하지 않아 겉면이 울퉁불퉁한데, 고구려 건국 과정과 광개토대왕의 업적을 비석의 4면 전체에 미주알고주알 새겨 놓았다. 한자로 새겨진 글자 수가 무려 1,775자에 달한다(오랜 세월 비바람에 시달리며 알아볼 수 없는 글자가 몇 군데 있어 완전히 정확한 글자 수는 아니다).

비문을 보면, 이 비석은 본래 무덤 앞에 세워졌던 것 같다. 하지만 오랜 세월이 흐르는 동안 광개토대왕이 잠들어 있는 무덤은 사람들의 기억에서 사라져 버리고 현재는 비석만 외롭게 홀로 서 있다. 많은 학자들은 비석이 있는 곳에서 서북쪽으로 약 200미터 떨어진 지점에 자리 잡고 있는 '태왕릉'을 광개토대왕의 무덤으로 추정하고 있으나, 이 또한 단정지어 말할 수는 없다.

비석 면의 글씨체는 예스러운 예서체인데 담백하면서도 강인한 고구려인의 기질을 엿볼 수 있다.

내용은 세 부분으로 나뉘어 있다. 고구려의 건국자 주몽의 신비로운 탄생과 건국 과정을 먼저 기록한 후에 중간 부분에 광개토대왕의 업적, 특히 영토 확장 사실을 연대별로 기록해 놓았다. 그리고 마지막 부분에 무덤을 지키는 관리 규정을 써 놨다.

광개토대왕릉비 탁본

그런데 비석에 고구려인의 애국심과 자부심을 알 수 있게 하는 내용이 담겨 있어 흥미를 유발한다.

은혜로운 덕을 하늘에서 받으시어 위엄이 사해(四海)에 떨쳤다. 나쁜 무리들을 쓸어서 제거하시니 모든 사람들이 편안히 자기 일에 최선을 다하도다. 나라가 부유해지고 백성들이 잘살아 온갖 곡식이 풍성하게 익었도다.

고구려인의 이러한 자부심은 어디서 나온 것일까? 아마 강력한 군사력을 바탕으로 대제국을 형성하면서 얻은 힘이 이러한 자부심의 근원인 것 같다. 고구려인들은 자기들의 수도 국내성을 천하의 중심으로 생각했다.

고구려인의 자국 중심 천하관은 현재의 우리들에게 생각할 거리를 제공해 준다. 우리 민족의 끈기는 세계가 알아주는 '왕끈끈이표'다. 또한 한번 의기투합하면 태산도 무너뜨릴 정도로 큰 힘을 발휘한다. 여기에 우리 민족은 정보화 시대에 적합한

디지털형이라고 한다. 이런 민족성 때문에 월드컵 같은 세계 축제가 열리면, 도심 곳곳이 붉은 옷을 입은 사람들로 가득 차고, 대한민국 구호가 하늘 높이 울려 퍼진다.

정보화 시대의 도래는 우리 땅이 다시 한 번 세계의 중심이 될 수 있는 기회를 제공하고 있다. 우리 민족에게 제2의 고구려는 못 이룰 꿈이 아니다. 대한의 아들딸들이여, 야망을 가져라!

……은혜로운 덕을 사해에 떨쳐…… 나라가 부유해지고……

중원고구려비와 장수왕

1979년, 남한강 유역의 중원30) 지역에서 비석이 하나 발견되었다. 비문 앞머리에는 고려대왕이란 이름이 새겨져 있었다. 대사자, 제위, 사자 등 고구려 관직 이름도 보였다. 또한 신라를 '동이'라 칭하면서 신라왕 및 신하들에게 의복을 하사했다는 내용도 적혀 있었다.

발견 당시에 학자들은 어느 시대 누가 세운 비석인지 무척 궁금해했다. 그러나 궁금증은 비문 해석으로 바로 풀렸다. 장수

30) **중원** 충주를 중심으로 한 충청도 북부 지역을 말한다.

왕이 남쪽으로 영토를 확장하고 새 국경 지대에 세운 척경비(拓境碑)31)였다. 학자들은 이 비석을 중원 지역에 세워진 고구려비라는 의미에서 '중원고구려비'라 이름 붙였다.

31) **척경비** 영토를 확장하고 세운 비석.

비석을 세운 장수왕은 이름 그대로 매우 장수했다. 당시에 기네스북이 있었다면, 세계 최장수 왕으로 등재되었을지도 모른다. 394년에 태어나 491년에 98세의 나이로 죽었다. 왕으로 산 세월만도 79년이었다. 그에게 아들이 하나 있었으니 이름이 '조다'였다. 힘을 주어 발음하면 '쪼다'이다. 왕자인 조다는 왕이 될 날을 손꼽아 기다렸으나, 아버지가 하도 오래 살아서 먼저 하늘로 올라갔다. 그래서 이름이 '쪼다'인가 보다. 웃자고 한 농담이니 믿지는 마라. 아무튼 장수왕의 장기 집권 때문에 뒤를 이어 왕위를 계승한 사람은 왕의 손자(문자명왕)

중원고구려비

였다.

　장수왕은 아버지인 광개토대왕이 북쪽으로 영역을 확장한 데 반하여, 남으로 눈을 돌렸다. 그는 남하 정책을 추진하기 위하여 수도를 국내성에서 평양으로 옮겼다. 그러고는 고국원왕 이후로 원수처럼 지낸 백제의 수도 위례성을 공격하여 당시 임금인 개로왕을 죽이고 한강 유역을 고구려 땅으로 만들었다.
　위례성 함락은 고구려의 강력한 힘 덕분이었지만 어찌 보면 첩보전의 승리이기도 했다.『삼국사기』「백제본기」'개로왕 조'에 장수왕이 백제 땅에 몰래 들여보낸 스파이 이야기가 나와 있다.

　그때 마침 승려였던 도림이 첩자를 자청하여, 죄를 짓고 몰래 도망 온 척하며 백제로 들어왔다. 백제왕은 개로왕이었는데, 그는 바둑을 무척 좋아했다. 도림은 바둑의 고수였다. 그의 바둑 실력이 소문나면서 왕도 알게 되었다. 궁궐로 도림을 부른 개로왕은 도림의 실력에 반하여 나랏일은 뒤로 밀쳐놓고 날이면 날마다 바둑만 두었다.

　왕을 자신의 편으로 만든 도림은 본격전인 백제 혼란 작전에 돌입했다. 왕실의 위엄을 높이기 위해서는 화려한 궁궐을 지어야 한다고 왕을 부추겼다. 그의 간계에 넘어간 개로왕은 온 국민을 궁궐 짓는 데 동원하며 국력을 소모했다. 백제의 국력은 날이 갈수록 약화되었다.

　도림은 백제가 멸망 위기에 빠지자, 고구려로 돌아와서 위례성의 실상을 장수왕에게 낱낱이 보고했다. 도림의 말을 들은 장수왕은 군사를 내어 기습 작전으로 위례성을 손쉽게 함락했다.

　개로왕은 땅을 치고 후회하면서 중국의 북쪽에 있던 북위에 도와달라는 편지까지 보냈지만, 북위 또한 고구려를 무서워하고 있었기에 백제의 지원 요청을 무시해 버렸다. 백제는 허망하게 위례성을 빼앗기고 개로왕 또한 전쟁의 와중에 살해되고 말았다.

장수왕의 남하 정책이 성공하는 순간이자 백제 근초고왕의 침입으로 평양성에서 전사한 고국원왕의 원수를 갚는 설욕의 순간이었다.

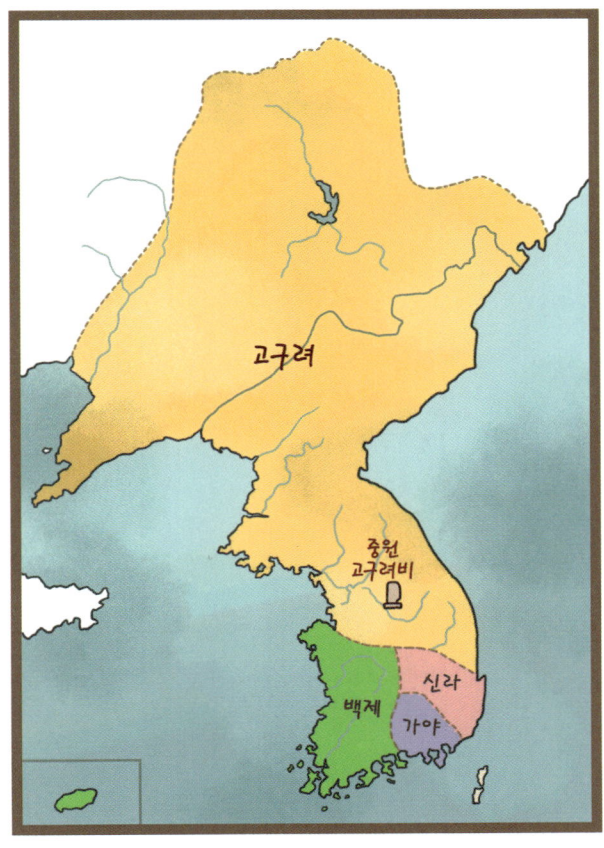

장수왕 시대의 삼국 지도

위의 이야기는 첩자까지 파견하여 오랫동안 치밀하게 공격을 준비한 장수왕의 지략을 보여 주는 재밌는 일화이다. 그런데 수도를 함락당한 백제는 어찌 되었을까? 개로왕의 뒤를 이은 문주왕은 방어하기 편한 웅진(공주)으로 수도를 옮겨 나라 되살리기에 나섰다.

역사 그루터기

비석지사 새옹지마

국보 제205호는 중원고구려비다. 이 비가 있는 곳은 충북 중원군 가금면 용전리의 선돌[立石]마을이다. 이 마을이 선돌마을이 된 것은 마을 입구에 아주 오래전부터 '선돌' 하나가 우뚝 자리를 잡고 서 있었기 때문이다. 그런데 눈여겨보지 않았던 이 선돌은 어느 순간 우리나라를 대표하는 문화재로 격상되었다.

1978년에 단국대학교 학술 조사단이 우연히 발견한 뒤 중원 지방에 있는 고구려비라 하여 '중원고구려비'라 이름 붙였다. 비석은 비바람으로 인한 마모가 워낙 심해서 발견 당시부터 50퍼센트 정도의 한자만 읽을 수 있었다. 상황이 이렇다 보니, 학자들 간에도 비문 해독으로 설왕설래했다. 다음은 1979년 중원고구려비 학술좌담회 현장에서 학자들 사이에 오고간 에피소드들이다.

역사 그루터기

당시 좌담회 사회를 본 차문섭 교수(당시 단국대)는 '소박사·대박사' 발언으로 좌중을 웃겼다.

"현장에서 저희(조사단)가 해석을 놓고 워낙 설왕설래하니까 마을사람들이 그럽디다. '아직까지 대박사님들이 안 왔나 보다. 이 소박사들은 (해석이) 잘 안되나 보다.' 우리가 대박사가 못 되어서 완전히 해독할 수 없나 봅니다."

한국 역사학의 큰 맥을 이끌었던 두계 이병도 박사는 꿈에 나온 비석 얘기를 하며 여유로운 분위기를 이끌었다.

"내가 우스운 얘기를 할게요. 비문 첫 꼭대기에 액전(제목)이 있는 것 같아 곰곰이 생각하다가 잠이 들었어요. 그런데 꿈에 '건흥(建興)' 두 글자가 나타났단 말이야. 아! 그래 눈이 번쩍 띄어 가지고 전등불을 켜고 옆에 있던 (중원고구려비문) 탁본과 사진을 보니까 그 글자가 나온다 말씀이에요. '건흥' 두 글자는 (고구려 장수왕의) 연호가 틀림없어요."

그러자 정영호 교수(당시 단국대)가 다음과 같이 말을 이어받았다.

"두계 선생님 말씀대로 탁본을 보니 정말 건흥 4년인 것 같아요. (현장에서) 새벽 4시, 5시면 일어나 비문을 플래시로 비추어 보면 그것이 그럴듯하면서도 그렇지도 않고요. (나중에) 또 창고 문을 열고 햇빛을 비추어 가면서 보면 글자가 또 달라져요, 광선에 따라서……. 하루에 두 자, 석 자 읽어 내는 것이 어떻게 힘이 드는지…….”

이처럼 중원고구려비는 발견 당시부터 많은 학자들의 애를 먹이며 조금씩 그 실체를 드러냈다. 비석 머리에서 '고려대왕(高麗大王)'이라는 글자를 찾아내고 본문에서 고구려 관직 이름을 확인하는 등 다양한 측면에서 내용 검토를 한 결과, 학자들은 마침내 이 비석을 고구려 장수왕 시기에 남한강 상류를 따라 영역을 넓히면서 국경 표시로 세워 놓은 고구려비라고 최종 결론을 내렸다.

그 후 문화재청은 이 비석의 중요성을 인정하여 국보로 지정했다. 무려 1500년 이상을 아무도 알아주지 않은 채 비바람에 시달린 볼품없는 비석이 단박에 국보라는 금메달을 목에 거는 순간이었다. '인간지사 새옹지마'라고 하지만, 비석에도 새옹지마가 있을 줄 그 누가 알았으랴?

진흥왕과 단양적성비

단양적성비는 진흥왕이 6세기 중엽에 고구려로부터 남한강 상류 지역을 확보하고 세운 비석이다. 1978년 단국대학교 학술 조사단이 온달과 관련된 유적지를 찾는 도중, 단양군 하방리 적성 안에서 발견하여 '단양적성비'라고 이름 지었다.

이 비석은 화강암으로 된 자연석에 글씨를 얕게 음각하여 새겼는데, 오랫동안 땅 속에 묻혀 있어서 비석 면이 깨끗하고 자획이 생생하여 6세기 중엽의 삼국 관계를 아는 데 많은 도움을 주고 있다. 비석의 상단 부분이 깨져 있어 전체 내용은 해독

단양적성비

할 수 없지만, 그래도 남은 부분의 288자와 깨진 조각에서 찾아낸 21자를 통해 총 309자를 판독했다.

비문에는 "진흥왕이 이사부 등 10명의 높은 관리에게 명령하여 신라의 영토 확장에 공을 세운 야이차에게 상을 내리고, 장차 야이차와 같이 신라에 충성을 다하는 자는 똑같이 상을 주겠다."는 내용이 들어 있어 당시 삼국의 정세 및 신라의 관제를 알 수 있게 한다.

그런데 진흥왕은 왜 수도인 경주에서 한참 떨어진 산간 지역에 이 비석을 세웠을까?

비가 세워진 남한강 상류 지역은 본래 신라 땅이었다. 그런 곳이 5세기 고구려 장수왕의 남하 정책으로 고구려 땅으로 변해 버렸다. 진흥왕은 고구려의 힘이 약화되고 있는 틈을 타서 백제 성왕과 연합하여 이 땅을 신라 땅으로 다시 편입시켰다. 그런 연후에 이곳의 백성들에게 신라에 충성을 다하라는 의미에서 비석을 세웠다. 따라서 단양적성비는 6세기 중엽 신라가 백제와 연합하여 남한강 상류 지역을 고구려로부터 되찾았음을 증명해 주는 '인증샷' 비석이다.

잠깐! 여기서 끝내면 섭섭하니, 하나만 더 알고 가자. 한강 상류를 차지한 이후 백제와 신라의 관계는 어떻게 변했을까? 조금만 머리를 굴려 생각해 보자.

진흥왕이 신라를 다스렸던 6세기 중반에 백제는 성왕이 나라를 이끌며 예전의 영광을 되찾기 위해 고심하고 있었다. 신라와 백제는 장수왕의 남하 정책에 공동으로 대비하려고 433년부터 군사 동맹을 맺고 있었는데, 하루는 두 왕이 굳게 맹세를 했다.

"우리 힘을 합쳐 고구려에게 빼앗긴 땅을 다시 찾아옵시다."

이 약속대로라면 신라는 남한강 상류 지역을, 백제는 한강 하류 지역을 차지해야 정상이다.

두 나라는 서로 협력하여 고구려군을 북쪽으로 멀리 밀어내고 장수왕 이전의 영역을 거의 확보했다. 그런데 진흥왕이 배신을 했다. 백제 땅이 된 한강 하류 지역이 큰 발전을 기약할 수 있는 약속의 땅으로 보여 탐이 났던 것이다.

당시 신라는 한반도의 동남쪽에 치우친 지리적 여건 때문에 중국과 직접 교역이 불가능했다. 그래서 매번 백제의 도움을 받아 중국 문물을 접할 수밖에 없었다. 그런 신라에게 한강 하류 지역은 중국과 직접 교역할 수 있는 매력 넘치는 땅이었다.

진흥왕은 기습 작전으로 한강 하류 지역을 단숨에 신라 땅으로 만들어 버렸다. 이때가 553년이었다. 백제의 성왕은 분노했다. 얼마나 화가 났던지 앞뒤 잴 틈도 없이 자신이 직접 군대를 이끌고 신라 땅으로 쳐들어갔다. 그런데 이게 웬일이란 말인가? 신라 국경 지역에 있던 요새지 관산성에서 양군이 치열하

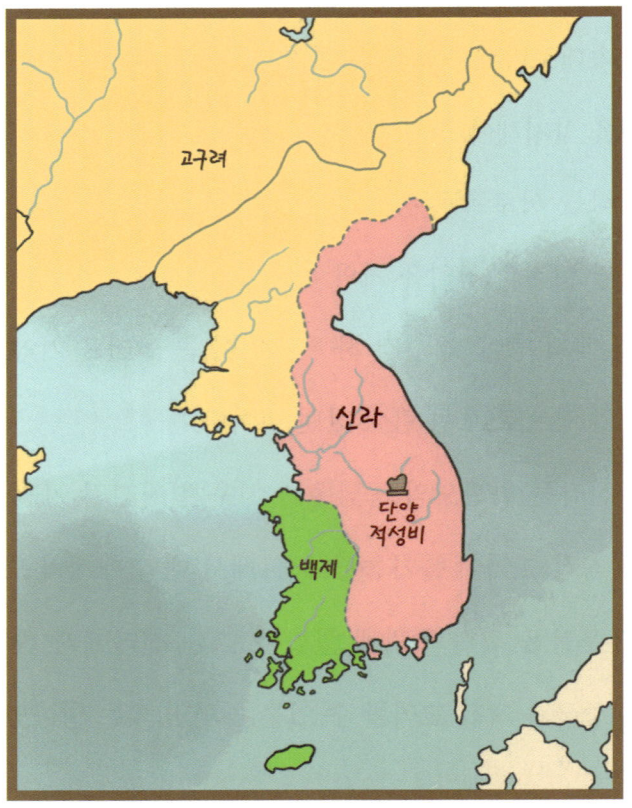

진흥왕 시대의 삼국 지도

게 한판 붙었는데, 성왕이 이 전투에서 죽고 말았다(554년). 아! 원통하고 원통하구나. 그러나 어쩌겠는가. 여기서의 패배로 백제는 점차 내리막길을 걸어야 했다. 반면에 신라는 한강 하류를 자기들 땅으로 완전히 굳히며 나라를 융성하게 발전시킬 수 있었다.

한편 433년에 맺어 무려 120여 년을 지속해 온 나·제동맹은 신라의 한강 하류 점령으로 산산이 부서졌고, 이후 신라와 백제 사이는 견원지간으로 변해 사사건건 대립하기 시작했다.

역시 나라와 나라 사이는 서로 이익이 있어야 동맹 관계가 형성되는 것이다. 미국이나 일본이 지금 우리나라에 꼭 필요한 우호적인 파트너라 해도, 영원히 친하게 지낼 수 있을 거란 소박한 생각은 버려야 한다. 마찬가지로 우리와 견원지간이거나 외교적으로 조금 먼 북한이나 중국이 지금은 말이 안 통하고 답답할 수 있지만 영원히 그러리라는 법은 없다. 외교에는 영원한 우방도 영원한 적국도 없다. 지금 멀다고 배척만 하려 해서도 안

되며, 지금 가깝다고 우리 속을 전부 드러낼 필요도 없다. 중요한 것은 우리 관점에서 어떤 선택이 가장 큰 이익을 가져다주는지 다방면으로 생각하여 외교 문제를 슬기롭게 풀어 가야 한다.

바보 온달에 관한 몇 가지 의문

한국판 신데렐남(?)인 '바보 온달'을 모르는 사람은 없을 것이다. 신분을 초월한 사랑과 부부간의 정. 비극적 최후를 마친 온달 장군. 줄거리의 전개가 너무 극적이어서 영화로 만들어도 손색이 없을 것 같다. 그리고 보니, 도대체 우리나라 영화감독과 시나리오 작가들은 뭐 하는지 모르겠다. 〈타이타닉〉이나 〈로미오와 줄리엣〉의 사랑 이야기에 비해 더 극적인 요소를 지니고 있는 바보 온달 이야기가 아직도 서랍 속에서 썩고 있으니, 참으로 안타깝다.

장콩 선생 가라사대 "바보 온달로 영화를 만들지어다. 그러면 분명코 세계적인 히트작이 되리라." 그래도 혹시 모르니 손가락에 장 지진다는 약속은 하지 말자. 진짜 만들어서 히트가 되지 않으면 큰일이니 말이다. 일단 손가락을 뒤로 감추고 다음 이야기를 진행하자.

온달과 평강공주의 사랑 이야기는 모르는 사람이 드물 테니, 여기서는 일단 접어 두고 역사 탐정이 되어 온달과 관련된 의문 몇 가지만 추적해 보자.

온달은 실존 인물이었을까? 역사책에 나오는 것처럼 대단한 영웅이었을까?

현재로서는 명확한 답을 얻기 어렵다. 그러나 온달 장군이 실존했을 가능성은 다분하다. 그가 살았던 6세기 중반은 삼국 간의 영토 확장 전쟁이 치열했다. 특히 고구려는 신흥 강국으로 떠오른 신라 때문에 많은 영토를 잃고 있었다.

고구려왕은 신라·백제와 벌인 전쟁에서 승리하기 위해 널리 인재를 등용하려 했을 것이다. 따라서 무술 실력이 뛰어난 사람은 평민이라도 장군으로 발탁되었을 가능성이 충분히 있었다. 만약 온달의 무술 실력이 출중했다면, 장수로 뽑혀 고구려 사람들의 열화와 같은 지지 속에 전투의 선봉에 섰을 것이다.

그런데 온달은 정말 대단한 영웅이었을까? 이건 진짜로 모르겠다. 다만, 고구려 입장에서 그의 죽음이 워낙 안타까웠기 때문에 후세 사람들이 그의 죽음을 애석해하며 실제보다 더 큰 영웅으로 과장했을 가능성은 있다. 그러나 어이하랴? 현재 역사 기록으로는 온달 장군이 어떤 사람이었는지 정확히 밝힐 수 있는 사료가 없으니……. 그저 평강공주와 온달 장군의 애달픈 사랑 이야기 속에서 추정할 수밖에.

온달은 진짜 평강공주와 결혼했을까?

사랑 이야기는 해피엔드로 끝나기보다 비극적으로 끝나야 더 애절하고 오래간다. 한이 많은 민족이어서 그런지 몰라도 우리 민족의 설화에는 비극적인 사랑 이야기가 유독 많다. 견우와 직녀, 호동왕자와 낙랑공주, 아사달과 아사녀, 온달과 평강공주, 선덕여왕을 사랑한 지귀 등등.

물론 결말이 해피엔드인 사랑 이야기도 몇 개 있기는 하다. 춘향전, 맛동과 선화공주……. 하지만 비극으로 끝나는 애달픈 사랑 이야기가 훨씬 많고, 그런 사랑 이야기는 언제나 우리 마음을 싱숭생숭하게 만든다.

그런데 평강공주는 정말 바보 온달과 결혼했을까?

그럴 것 같다고?

콩 선생은 아니라는 쪽에 한 표를 던진다.

왜냐고?

평등 사회인 지금도 신분을 초월한 사랑 이야기는 세계적인 뉴스가 된다. 하물며 철저한 신분제 사회인 고구려에서 공주가 평민 출신인 온달과 결혼한다는 것은 거의 불가능하다. 물론 가능성이 1퍼센트도 없는 것은 아니다. 설화에는 온달이 공주와 결혼한 후 무공을 세워 평원왕의 눈에 들었다고 했지만, 오히려 평원왕이 온달의 출중한 무술 실력에 반해 딸과 결혼시켰을 가능성이 더 클 것 같다. 하지만 이러한 경우도 낙타가 바늘구멍 통과하기보다 더 힘든 일이었을 것이다. 따라서 콩 선생은 온달과 평강공주의 신분을 초월한 사랑 이야기는 후세 사람들이 적당히 뻥튀기한 결과라고 생각한다.

온달이 죽은 곳이 '온달산성'이라는데?

온달산성은 충청북도 단양군 영춘면에 있다. 단양 지방 전설에 의하면 "온달은 이곳에서 신라군과 싸우다 전사했다."고 한다. 이 얘기는 사실일 가능성이 크다.

온달이 살았던 시대인 6세기 중엽에는 한강을 확보하기 위하여 고구려, 백제, 신라가 치열하게 싸웠고, 그 중심 무대가 지금의 단양 지방이었다. 따라서 온달이 신라에 빼앗긴 영토를 되찾기 위해 군대를 이끌고 내려왔다면, 그 지역은 단양이었을 가능성이 아주 크다.

설화나 전설이 허무맹랑한 것 같지만 그 내용을 꼼꼼히 따져 보면, 당시 사회상이나 사람들의 삶을 엿볼 수 있다. 단양 사람들이 아주 오래전부터 온달의 전사지로 온달산성을 꼽고 있는 것이나, 성을 온달산성이라 불렀음은 온달의 전사지가 이곳일 가능성을 크게 해 준다. 물론 확실한 증거가 나오기 전까지는 추측에 불과하지만 말이다.

온달산성

살수대첩의 영웅 '을지문덕'

612년 수나라의 양제는 113만 대군을 이끌고 기세등등하게 고구려로 쳐들어왔다. 아버지 문제가 점령하려 했다가 망신만 당하고 물러난 사건을 설욕하겠다고 아들이 군사를 일으킨 것이다.

113만 명이 뭐 별거냐고? 그렇다. 고대 사회에서 전쟁이 발생하면, 중국의 경우 큰 전투일 경우 20~30만 명 정도가 참가했다. 우리는? 보통 4~5만 명 정도였다. 따라서 113만은 매우 이례적일 정도로 많은 군사가 동원된 대규모 원정이다. 게다가 이 수치는 실제 전투에 참가한 전투병만 셈한 것이고, 식량이나 무기를 운반하기 위해 참여했던 노동자까지 합하면 약 400만 명 정도가 참전했다는 계산이 나온다. 부산광역시의 현재 인구가 360만 명 정도니, 더 이상 말 안 해도 먼지를 뒤집어쓰며 노도와 같이 밀려오는 대군의 모습이 파노라마처럼 머릿속에 펼쳐질 거다.

그러나 고구려 군사들은 용맹하기 그지없었다. 양제는 첫 접전지인 요동성도 제대로 공략하지 못하고 끙끙대야 했다. 요동의 날씨는 날로 추워져만 가는데 첫 전투지에서 허우적대고 있었으니, 참으로 난감한 일이었다. 이때 수양제의 머리에 아이디어 하나가 번개처럼 떠올랐다. 양제는 무릎을 탁 치며 부하들에게 말했다.

"비호처럼 빠른 병사 30만을 선발하여 평양성을 직접 공략하거라!"

평양성은 당시 고구려의 수도였다. 이제 고구려는 큰일이

났다. 수나라 특공대가 수도를 치러 오니 말이다.

그러나 너무 걱정은 마시라. 고구려에는 전략 전술에 능한 을지문덕 장군이 위풍당당하게 버티고 있었다. 수나라 군대가 육군과 수군으로 나뉘어 움직이자, 을지문덕은 적군의 내부 사정을 알아보기 위해 항복하는 것처럼 꾸며 홀로 적진에 뛰어들었다. 적장인 우중문은 이때 을지문덕을 죽이려 했다. 그러나 부하 장수가 "항복하러 온 적장을 죽이는 것은 도리에 어긋난다."며 반대하여 죽이지 못하고 돌려보냈다. 수나라로서는 돌이킬 수 없는 실수였다. 이때 을지문덕을 죽이거나 감옥에 가두었으면 고구려가 힘을 쓰기 어려웠을 것이다. 실제로 우중문은 을지문덕을 보내고 난 후에 곧바로 후회했다고 한다. 그러나 어찌하랴? 이미 을지문덕이 수나라 진영을 샅샅이 훑어보고 바람처럼 사라진 뒤였다.

고구려 진영으로 돌아온 을지문덕은 맞춤형 전략으로 수나라 군대를 상대했다. 우선 적군이 진격해 오는 길목에 사는 백성들에게 들판의 곡식을 거둘 수 있는 것은 거두고 여의치 못한 경우 모조리 불태우라고 명령했다. 또한 마을 안에 있는 우물을 전부 메운 뒤 가까운 산성으로 모두 피신하게 했다. 이러한 전술을 '청야작전(淸野作戰)'이라 한다. 고구려가 외적과 싸울 때 흔히 사용했던 전술이다. 왜 '청야'냐고? 들판을 텅텅 비게 만드는 작전이라 해서 이런 이름을 붙였다.

'아니! 그러다 고구려 사람들도 굶어 죽으면?' 하고 생각할 수도 있다. 맞는 말이다. 분명 고구려 사람들도 힘들었을 것이다. 그러나 성으로 피신한 고구려 사람들은 먹고살 정도의 양곡은 가지고 갔기에 장기전만 아니라면 사는 데 불편함이 없었다. 반면에 적에게는 막대한 피해를 줄 수 있었다.

한편 을지문덕은 청야작전과 더불어 지형지물을 이용한 기습 작전을 적절히 구사하여 적군을 지치게 만들었다. 이러한 문덕 장군의 신출귀몰한 활약으로 적장 우중문은 평양성 코앞까지 진격했으나 더 이상 공격할 힘을 잃어버렸다. 아쉽기는 했지만 더 진격했다가는 전멸을 당할 것 같았다. 그래서 어쩔 수 없이 말 머리를 돌려 후퇴했다.

그런데, 누가 알았으랴? 이미 앞일을 내다본 문덕 장군이 부하들을 시켜 수군의 후퇴 길에 있는 살수(현재 청천강) 상류에 물막이 댐을 설치해 놓았음을……. 오합지졸이 되어 후퇴하던 수나라 군사들은 살수에 도착하여 물이 별로 없자, 별생각 없이 바짓가랑이를 대충 걷고 건너기 시작했다.

드디어 때가 왔다. 장군은 수군의 대부분이 청천강 안에 들어선 것을 보고 상류에 설치한 댐을 무너뜨리라고 명령했다. 고구려 군사들이 한꺼번에 달려들어 임시로 설치한 둑을 터뜨리자, 갇혀 있던 물이 큰 파도처럼 흘러내리며 수나라 군사들을

살수대첩 지도

한꺼번에 물고기 밥으로 만들어 버렸다. 이 전투가 그 이름도 유명한 '살수대첩'이다.

수나라 군사들 중 살아 돌아간 자는 3천 명 정도에 불과했다. 30만 대군으로 평양성을 치려했으니, 적군의 손실이 얼마나 컸는지 알 수 있다.

여기서 잠시 다른 이야기를 해 보자. 을지문덕의 고향은 어디였을까? 또 언제 태어났을까?

아쉽게도 이 부분에 대해서는 역사 기록이 남아 있지 않아 정확히 알 수 없다. 다만 612년 수나라 양제의 침입 때 고구려군의 총사령관으로 대승을 거두었다는 사실과, 적진을 염탐하기 위하여 거짓 항복으로 적군에 뛰어들었다가 간신히 빠져나오면서 적장 우중문에게 남겼다는 시 한 수가 전할 뿐이다.

　　신기한 책략은 하늘의 원리에 통달하였고
　　오묘한 꾀는 땅의 이치를 꿰뚫었으며
　　전쟁에서 공 또한 이미 높으니
　　족한 줄 알고 그만둠이 어떠한가.

적장을 향해 "명성을 이미 알고 있으니, 더 이상 체면 구길 필요 없이 이쯤에서 물러가라."는 조롱 겸해서 쓴 경고성 시였다. 시 자체가 문학적으로 뛰어나 을지문덕이 문무를 겸비한 장군이었음을 짐작할 수 있다. 그러나 을지문덕의 고향이나 출생 연도, 살수대첩 이후의 삶은 풀리지 않는 미스터리로 남아 있다.

이런 사정 때문에 을지문덕이 고구려 사람이 아니라고 주장하는 학자도 있다. 중국의 역사책인 『자치통감』은 을지문덕(乙支文德)을 위지문덕(尉支文德)으로 기록해 놓았다. 이것을 근거로 '을지문덕은 본래 선비족[32] 출신이며, 수나라가 중국을 통일할 무렵에 고구려로 망명한 사람'이라고 주장하기도 한다. 즉, '위지(尉支)'는 선비족들이 많이 쓴 성인 '위지(尉遲)'의 또 다른 표현이라는 것이다.

이 주장이 전혀 근거가 없는 것은 아니다. 왜냐하면 고구려는 다민족국가였기 때문이다. 고구려의 영토인 만주와 한반도 북부에는 우리 민족 이외에 말갈[33]·거란족[34]이 살고 있었다. 또한 고구려 사람들은 말을 타고 다니며 내륙아시아의 유목 민족과도 빈번하게 교류했으며, 초원길을 통하여 멀리 중앙아시아 세력과도 만났다.

[32] **선비족** 고대 시대에 남만주에서 몽골 지방에 걸쳐 산 유목 민족.

[33] **말갈** 고대 시대에 만주 지역에 살던 유목 민족. 숙신·읍루·물길로 불리다가 당나라 때부터 말갈이라 했다.

[34] **거란족** 고대 시대에 요하 상류 지역에 살던 유목 민족.

우즈베키스탄 공화국의 사마르칸드 시 북쪽에 아프라시압 궁전 벽화가 있다. 이 그림에 새의 깃으로 장식한 모자를 쓴 사람 둘이 출현한다. 7세기경에 파견한 고구려의 사신이다. 한편 고구려 무덤 각저총35)에는 매부리코를 한 거인이 씨름을 하고 있다. 코가 너무 커서 우리나라 사람으로 보이지 않는다. 학자들은 이 사람을 중앙아시아 출신이라고 추정한다. 또 다른 고구려 무덤 안악 3호분36)의 주인공 동수는 중국 세력이라고 알려져 있다. 중국에서 혼란이 발생할 때마다 많은 중국인이 고구려로 망명해 왔기 때문에 중국 사람의 무덤이 고구려 땅에 있을 수도 있다.

35) **각저총** 중국 길림성 집안시에 있는 고구려 무덤. 집안시는 고구려의 수도 국내성이 있던 곳이다.

36) **안악 3호분** 황해도 안악군에 있는 무덤. 중국에서 망명 온 동수라는 귀족의 무덤으로 알려져 있다.

각저총의 씨름도

이처럼 고구려는 주변의 여러 민족과 다양하게 교류하면서 스스럼없이 어울려 살았던 다민족국가였다. 따라서 을지문덕이 선비족 출신이라 해서 이상할 것이 없다. 중요한 것은 출신이나 혈통이 아니다. 을지문덕이 수와 전쟁하던 당시에 고구려 장수로서 고구려를 위하여 최선을 다했다는 것이 중요하다. 즉, 을지문덕이 현재 우리와는 혈통이 다를망정 우리 민족이 자랑스러워하는 고구려의 사람이라는 것은 변함없다. 이러한 사실은 다문화 가정이 많아지고 있는 현재 우리 사회에 깨달음을 준다.

우리는 우리나라가 단군의 피를 이어받은 단일민족국가라고 생각하는 경우가 많다. 하지만 고구려만 보더라도 이것은 사실이 아니다. 고구려의 맥을 이어받고 있다면, 우리는 다민족국가일수밖에 없다. 영웅 을지문덕은 우리에게 말한다. "나와 같은 영웅이 다문화 가정에서 나올 수 있다."라고. 피부색이, 얼굴 모습이 조금 다르다고 배척하기보다는 그들 모두 우리 사회의 구성원임을 인식하고 함께 손을 잡고 다문화 공동체를 이루어 나가야 한다.

시대에 따라 평가가 다른 연개소문

오직 적국인(敵國人)의 붓으로만 전한 기록으로 그의 전모를 파악할 수는 없다. 수백 년 사대에 찌든 노예 역사가들의 좁쌀만 한 눈에 보이는 대로 그를 혹평, 탄핵함으로써 한 시대 인물의 유체를 편육도 남김없이 씹어 댔다.

일제 강점기에 민족주의 관점에서 역사를 연구했던 단재 신채호 선생이 『조선상고사』37)를 쓰면서 밝힌 연개소문에 대한 평가이다. 중국 사람이 쓴 역사 기록만 보고 연개소문을 나쁘게

37) **『조선상고사』** 단재 신채호가 단군 시대부터 백제의 멸망과 부흥 운동까지를 민족주의 관점에서 서술한 책.

평가해서는 안 된다는 이야기다.

우리 역사에서 연개소문만큼 평가가 극과 극을 달리는 인물은 거의 없다. 민족의 자주정신을 드높인 영웅으로 추앙하는 사람이 있는 반면, 반역자이며 독재자에 불과하다고 평가절하하는 사람도 있다. 한 사람을 가지고 이처럼 평가가 극명하게 갈리는 이유는 어디에 있을까? 그것은 평가자가 살았던 시대 분위기와 밀접한 연관이 있다.

현존하는 우리나라 역사서로는 가장 오래된『삼국사기』부터 조선 후기 역사서까지 대부분의 역사서는 연개소문을 흉포한 인물로 기록해 놨다. 신하로서 임금을 살해하고 강대국인 당과 맞서 싸움으로써 결과적으로 고구려를 멸망에 이르게 했다는 것이다.

연개소문은 쿠데타를 일으킨 뒤 보장왕을 '얼굴 마담'으로 내세워 정권을 잡았다. 당나라와 대립하며 여·당 전쟁을 주도한 것도 사실이다. 또한 그의 죽음 이후 고구려가 곧바로 나·당 연합군에게 멸망당했기 때문에 좋고 나쁨을 떠나 연개소문에 대한 이러한 평가가 틀렸다고 말할 수는 없다.

그런데도 19세기 말 이후의 역사학자 대다수는 연개소문을 영웅으로 소개한다. 특히 일제강점기의 민족주의 사학자들은 연개소문을 '구국의 영웅' '혁명아' 등으로 크게 부각했다.

일제강점기 시절의 대표적 역사가인 박은식 선생은 '독립 자주의 정신과 대외 경쟁의 담략을 지닌 우리 역사상 제 1인자'라고 했으며, 신채호 선생은 '위대한 반역아', 문일평 선생은 '천고의 영걸'로 평가하고 있다.

이처럼 동일한 인물에 대해 전혀 상반된 평가가 내려지는 이유는 어디에 있을까? 그것은 왕조 시대의 역사가들, 특히 유교적 관점에서 역사를 연구했던 사람들은 '충'과 '사대주의'의 논리에서 역사를 재단했다. 따라서 그들의 눈에 연개소문은 왕을 죽인 살인마이자 반역자에 불과했다. 반면에 일제강점기 시절의 역사가들에게는 절체절명의 위기에 빠진 한민족을 구원해 줄 강력한 영웅이 필요했다. 19세기 후반 이후 우리 민족은 외세의 침탈 속에 크나큰 위기를 겪고 있었으며, 이를 헤쳐 나가기 위해서는 민족주의의 관점에서 역사를 서술할 필요가 있었다. 연개소문의 대당 강경정책은 그들의 입맛에 '딱'이었다. 특히 나라를 빼앗긴 뒤로는 일제의 압박을 벗어나기 위해 더더욱 연개소문 같은 강인한 정신력과 리더십을 지닌 구국의 영웅이 필요했다.

결론적으로 시대에 따라 역사의 평가는 달라진다. 이는 비록 역사가 과거의 사실을 바탕으로 하는 학문이기는 하지만, 당시의 관점이 아닌 현재적 관점에서 살피고 해석하기 때문이다.

그렇다면 진짜 연개소문은 어떤 인물이었을까?

연개소문은 동부(東部)의 대인(大人)이었던 연태조의 아들로 15세에 부친의 직책을 이어받아 동부 대인 대대로[38]가 되었다. 642년 당나라의 침입에 대비하고자 당과 맞닿은 국경선 부근에 천리장성을 축조했는데, 조정 대신들이 자신을 제거하려 한다는 사실을 알고 쿠데타를 일으켰다. 이 정변이 성공하여 영류왕과 반대 세력을 죽이고, 보장왕을 새 왕으로 삼은 후 스스로 대

38) 대대로 고구려 제1관등으로 나랏일을 전반적으로 책임졌다. 지금의 국무총리라 할 수 있다.

막리지가 되어 나라를 움직였다. 막리지는 국가에 비상사태가 발생했을 때 모든 권한을 행사하는 막중한 자리였다.

그가 대막리지로 있을 때, 백제 의자왕의 잦은 침략으로 위기의식을 느낀 신라가 김춘추를 보내 구원을 요청해 왔다. 하지만 그는 신라의 요청을 들어주지 않았다. 오히려 신라와 당을 적으로 대했다. 이에 격노한 당 태종이 645년 17만 대군을 이끌고 고구려에 쳐들어왔다.

연개소문은 고구려군을 지휘하여 안시성에서 60여 일간의 공방전 끝에 당군을 물리쳤다.39) 이후로도 당은 4차례나 고구려에 쳐들어왔으나 연개소문은 모두 막아 냈다. 하지만 연개소문이 죽은 후 고구려의 국력은 급속히 쇠퇴하였다. 막리지 자리를 놓고 연개소문의 아들들이 다투는 내분 끝에 고구려는 나·당 연합군에게 허무하게 무너지고 말았다. 668년(보장왕 27년)의 일이었다. 아! 안타깝구나, 고구려여!

39) 이때 안시성의 성주로 당나라군과 직접 싸운 장군은 양만춘이었다.

백제의 멸망을 예고한 이야기

어느 나라건 멸망은 외부의 적보다 내부 분열이 더 큰 원인으로 작용한다. 고구려나 백제도 나·당 연합군의 힘이 강해서 무너졌다기보다는 지배층 내부의 분열과 민심 이반이 큰 원인을 차지하고 있다. 특히 백제는 의자왕의 교만과 사치, 지배층의 문란 속에 백성들의 마음이 왕에게서 떠난 것이 결정적이었다.

의자왕 말기에 백제에 떠돈 유언비어가 『삼국사기』에 자세히 적혀 있는데, 이걸 보면 백제 말기의 민심 이반을 여실히 알 수 있다. 유언비어가 퍼질 당시는 사실 유무를 잘 모르다가도 시일이 지나면 그 이유를 어느 정도 짐작할 수 있다. 하잘것없어 보일지라도 많은 사람들의 입에 오르내린 소문은 당시의 시대상을 반영하고 있기 때문이다.

의자왕 19년 2월, 여우 여러 마리가 궁중에 들어왔고, 흰 여우는 상좌평의 책상에 자리 잡았다.

4월, 태자궁에서 암탉이 작은 참새와 교미했다.

8월, 여자의 시체가 강물에 떴는데 길이가 18척[40]이었다.

9월, 대궐 안에 있는 느티나무가 사람 우는 소리와 같이 울고 밤에 귀신이 대궐 남쪽 길에서 울었다.

의자왕 20년 2월, 서울의 우물이 핏빛 같았고 해변에 작은 고기가 죽어 나와 백성이 먹어도 다 못 먹을 지경이었다.

4월, 개구리 수만 마리가 나무 위에 모여들었다. 서울(부여)의 시장거리에서 사람들이 까닭 없이 놀라 달아나는데 마치 누구에게 쫓기는 듯했다. 이에 넘어져 죽은 자가 백여 명이었고 잃어버린 재물이 이루 헤아릴 수 없었다.

40) 척 1척이 30.3센티미터이므로 18척은 5미터 50센티미터 정도 된다.

6월, 귀신 하나가 대궐 안에 들어와 "백제가 망한다. 백제가 망한다."라고 크게 외치고 곧 땅으로 들어가므로 왕이 괴이하게 여겨 사람을 시켜 땅을 파니 깊이가 석 자쯤 되는 곳에 거북이 한 마리가 있었다. 등에 글이 쓰여 있기를 "백제는 둥근달 같고 신라는 초승달 같다."였다. 왕이 무당에게 묻자 무당은 "둥근달 같다는 것은 가득하다는 뜻이니 가득하면 도로 기우는 것이요, 초승달 같다는 것은 가득하지 않다는 것이니 가득하지 않으면 차차 차게 된다는 뜻입니다."라고 말했다. 왕은 화를 내며 죽여 버렸다. 누군가

백제의 마지막 궁성이 있었던 부여 부소산 전경

말하기를 "둥근달 같다는 것은 번성하다는 뜻이요, 초승달 같다는 것은 미약하다는 뜻이니 아마도 우리 국가는 번성하고 신라는 차차 미약해질 징조인가 봅니다."라고 하니 비로소 왕이 기뻐하였다.

위 내용 전부가 실제 발생했다고 믿기는 어렵다. 다만 당시 사회에 이런 유언비어가 떠돌았다는 것은 백제 말기의 사회 혼란이 생각보다 훨씬 심각했고 민심이 백제를 떠난 상태였다는 것을 단적으로 보여 준다.

삼천궁녀가 꽃처럼 떨어진 바위

퀴즈를 하나 내겠다. 백제 멸망하면 바로 떠오르는 바위는?

낙화암!

그래 맞다. 정답이다.

낙화암은 한자로 '떨어질 낙(落), 꽃 화(花), 바위 암(岩)'이다. 해석하면 '꽃이 떨어진 바위'이다.

백제의 마지막 수도였던 부여에 가면 부소산이 있다. 이 산의 서편 자락에 몸을 숨긴 채 자리 잡고 있는 바위가 낙화암으로, 백제 멸망의 비애를 한 몸에 담고 있다. 이 바위가 유명세를 타게 된 것은 660년 나·당 연합군에게 사비(현재 부여)가 함락되면서 궁녀 3천여 명이 백마강 푸른 물에 몸을 던졌다는 전설이 서려 있기 때문이다.

장콩 선생은 초등학교 시절 담임선생님으로부터 낙화암 삼천궁녀 이야기를 듣고 눈물을 한 바가지나 흘렸다. 선생님이 얼마나 실감나게 이야기를 했던지 옆 사람 창피한 줄도 모르고 눈물을 쏟아 냈다.

그런데 의문이 있다.

의자왕은 3천 궁녀를 정말 거느렸을까?

이 질문에 많은 사람들이 사실이라고 답한다. 그러나 역사가들은 삼천궁녀 이야기가 과장된 전설이라고 판단하고 있다. 백제의 당시 국력으로 보았을 때, 3백 명은 그렇다손 쳐도 3천 명은 무리라는 것이다.

그런데 왜 전설은 3천이란 숫자를 굳이 강조하고 있을까? 그것은 백제의 멸망을 더욱 애절하게 느끼도록 후세 사람들이 과장했다고 할 수 있다. 낙화암이란 이름은 고려 말기를 살았던 학자 이곡의 수필집 『가정집』에 처음 보인다. 그 이전에는 타사암(墮死岩: 사람이 떨어져 죽은 바위)이라 했다. 『삼국유사』에도 타사암이라 나와 있다.

낙화암 위에는 백화정이란 정자가 세워져 있다. 많은 사람들이 백화정에서 시원한 강바람을 맞으며 낙화암을 구경한다. 그러나 백화정에서는 낙화암이 보이지 않는다. 낙화암은 정자 아래쪽에 있는 고란사 입구에서 유람선을 타고 백마강을 거슬러 올라가며 보아야 잘 보인다.

고란사는 백제왕이 물을 마셨다는 약수터로 유명하다. 백제 왕실에서는 왕이 마시는 물이 고란사 약수인 걸 증명하기 위해 약수터 위의 절벽에서 자라는 고란초 잎을 물 위에 띄워 궁내로 가져갔다 한다. 물맛이 상당히 좋다.

백마강에서 바라본 낙화암
충남 부여군 부여읍 부소산에 있는 바위. 절벽 아래 '낙화암(落花岩)'이라는 글씨가 새겨져 있다.

장콩 선생은 부여를 무척 사랑한다.

그 이유는 부여가 역사적 상상력을 마음껏 발휘하기에 최적의 장소이기 때문이다. 백제의 마지막 수도였지만 실제 눈으로 볼 수 있는 유물과 유적이 부여에는 별로 없다. 그래서 신라의 수도였던 경주가 눈을 즐겁게 하는 역사 도시라면, 부여는 머리를 즐겁게 하는 역사 도시라고 할 수 있다. 부여를 방문해 보면 콩 선생의 말을 실감할 수 있을 것이다.

참! 부여를 여행하려면 신동엽 시인의 시를 낮은 목소리로 소리 내어 낭송해 보고 가라. 부여가 달리 보일 것이다.「껍데기는 가라」「금강」으로 유명한 신동엽은 부여 사람으로 부여읍에 생가가 보존되어 있다. 또한 백제대교 주변의 소나무 숲에는 그의 시「산에 언덕에」가 새겨진 시비가 호젓하게 서 있다.

그리운 그의 얼굴 다시 찾을 수 없어도
화사한 그의 꽃
산에 언덕에 피어날지어이.

그리운 그의 노래 다시 들을 수 없어도
맑은 그 숨결
들에 숲속에 살아갈지어이.

쓸쓸한 마음으로 들길 더듬는 행인(行人)아.

눈길 비었거든 바람 담을지네.

바람 비었거든 인정 담을지네.

그리운 그의 모습 다시 찾을 수 없어도

울고 간 그의 영혼

들에 언덕에 피어날지어이.

-신동엽,「산에 언덕에」전문

여기서 멈추면 섭섭하니 이야기 하나를 더 하고 가자.

이 노래를 아시는가?

백마강 달밤에 물새가 울어

잃어버린 옛날이 애달프구나

저어라 사공아 일엽편주 두둥실

낙화암 그늘 아래 울어나 보자

〈꿈꾸는 백마강〉이란 노래로 일제 강점기 시절을 애달프게 살았던 우리 민족의 한을 대변하고 있다.

여기서 질문을 하나 더 던지겠다. 빨리 대답해라.

꿈꾸는 백마강은 어디에 있을까? 노래 가사 속에 답은 나와 있다.

정답은 '부여'이다. 부여를 휘돌아 흘러가는 강이 백마강이다. 전라북도 장수에서 발원하여 군산만으로 빠지는 금강을 부여 부근에서는 백마강이라 부른다.

왜! 백마강이냐고?
두 가지 설이 전하지만, '백제의 제일 큰 강'이란 설이 정설로 인정되고 있다.

백제와 고구려의 멸망이 주는 교훈

삼국시대의 역사를 공부하다 보면, 누구나 한 번쯤은 '고구려가 삼국을 통일했다면, 만주도 우리 땅일텐데.'라는 생각을 하게 된다. 그러나 아쉽게도 역사에 가정이란 있을 수 없다. 다만 이 글은 '그랬다면'이란 단서를 달고 시작한다.

고구려가 삼국을 통일했다. 어떻게 되었을까?

5세기 무렵 고구려의 국력이었다면 그게 가능했을지도 모른다. 장수왕이 욕심을 내서 신라와 백제를 멸망시키고자 했다면 분명 가능했을 것이다. 그러나 장수왕은 백제나 신라를 자신의 신하처럼 부릴 수 있는 속국쯤으로 여기는 데 만족하고 말았다.

물론 당시 동아시아의 국제 정세에서 고구려가 일방적으로 백제와 신라를 합병할 수는 없었을 것이다. 고구려 주변에 있던 북방 민족들과 중국 세력이 호시탐탐 고구려를 엿보고 있었고, 백제와 신라도 장수왕이 평양으로 천도하자 나·제동맹을 맺어 고구려를 견제하고 있었다. 이러한 상황에서 나·제의 숨통을 끊어 버리기 위한 전쟁은 득보다 실이 많았을 것이다. 결국 장수왕은 현실적으로 판단하여 백제와 신라의 영토를 조금씩은 인정한 채 자신의 전성기를 구가했다고 볼 수 있다.

6세기로 접어들면서 고구려에서는 지배층 내부에서 왕위 쟁탈전이 벌어지며 국론이 분열되기 시작했다. 이 틈을 타서 신라가 크게 성장하여 고구려를 위협했다. 신라의 진흥왕이 고구려로부터 함경도 땅을 빼앗을 수 있었던 것도 고구려가 내분으로 힘을 잃었기 때문이다. 5세기 때의 고구려였다면, 어찌 감히 신라가 고구려의 영역을 넘보았겠는가?

    6세기 후반, 중국에 통일 왕조가 들어섰다. 수나라였다. 뒤를 이어 당나라가 중국 전체를 장악했다. 당은 주변국들에 자기 나라 중심의 국제 질서를 강요했고, 이를 거부하는 나라는 무력을 사용하여 제압하려 했다. 5세기 때 동북아시아를 쥐고 흔들었던 고구려는 자존심 때문에라도 당나라에 머리를 수그릴 수 없었다. 당연히 당과 고구려 사이에는 긴장 국면이 조성되었다. 7세기 전반에 당의 침략으로 고구려는 여러 번 전쟁을 치렀다. '썩어도 준치' '부자가 망해도 3년은 간다'라는 말처럼 고구려는 당을 상대로 연전연승하였다. 이때까지만 해도 '고구려 만세! 만만세!'였다.

    그러나 우리가 알아야 할 것이 있다. 아무리 강한 나라라도 오랜 기간 전쟁을 하면 살아남기 힘들다. 남과 북으로 분단되어 서로 적대하고 있는 우리 민족이 고구려의 멸망에서 찾을 수 있는 역사적 교훈이다.

계속되는 전쟁으로 고구려의 국력은 쇠퇴하였고, 백성들의 삶도 피폐해졌다. 이제 고구려가 다른 나라를 점령한다는 건 있을 수 없는 일이 되고 말았다. 이러한 정세를 신라가 절묘하게 이용했다. 신라는 당나라와 연합 전선을 형성하여 660년에 백제를 멸망시키더니, 곧바로 고구려의 평양성을 공격하였다. 물론 이때는 고구려가 제 몸 하나 정도는 간수할 힘이 아직 있었다. 성문을 굳게 닫아걸고 나·당 연합군의 공격을 적절히 막아냈다.

그러나 이게 웬 마른하늘에 날벼락이란 말인가? 663년에 강력한 통치력을 발휘하던 연개소문이 죽고 지배층 내부에 균열이 발생했다. 연개소문의 동생과 아들들이 막리지 자리를 차지하기 위해 서로 권력 다툼을 벌였다. 큰아들 연남산이 아우들에게 '왕따'를 당하자, 국내성을 포함한 여러 성을 바치며 당에 항복해 버렸다. 연개소문의 동생 연정토 또한 수중에 있던 12성을 가지고 신라로 투항해 버렸다. 눈 깜짝할 사이에 국토의 반 이상이 적의 손으로 넘어가 버렸다. 한때 아시아의 최강자였던 고구려는 내부 분란 때문에 허망하게 무너져, 결국 668년 나·당 연합군에게 패하며 우리 역사에서 사라져 버렸다.

고구려는 연개소문의 일인 독재 체제 수립으로 귀족들의 내분이 해소된 것처럼 보였다. 하지만 실제로는 안으로 계속 곪아 연개소문 사후에 곪은 것이 봇물 터지듯이 한꺼번에 터져 버렸다.

광개토대왕이나 장수왕 시절의 국력이었다면, 고구려는 삼국을 통일할 수도 있었을 것이다. 그러나 그 기회를 놓쳐 버리고 결국은 오랜 전란으로 국력이 쇠퇴하며 찌질이라고 거들떠보지도 않았던 신라에게 멸망당하고 말았다.

어느 나라, 어느 집단이건 쇠퇴는 외적 요인보다 내적 요인이 더 많이 작용한다. 백제와 고구려의 멸망이 바로 그것을 증명해 주고 있다. 통일 한국의 꿈을 이뤄 내야 하는 우리 민족이 중국, 일본, 러시아, 미국과 같은 강대국의 틈바구니에서 자주성을 지닌 선진 민족으로 자리 잡기 위해서 반드시 되새겨야 할

역사의 교훈이다.

"뭉치면 살고 흩어지면 죽는다."

4 열정과 신념으로 똘똘 뭉친 사람들

열정과 신념으로

신라에만 여왕이 있는 이유

우리 역사에 등장하는 국가 중 여왕이 있었던 나라는?

신라!

그래 맞다. 신라에만 여왕이 있었다. 27대 선덕여왕(7세기 전반), 28대 진덕여왕(7세기 중반), 한참 뒤인 51대 진성여왕(9세기 말)이 바로 그들이다.

단군의 고조선부터 우리 민족이 세운 마지막 왕조인 조선까지 눈을 씻고 찾아봐도 신라 외에는 여왕을 발견할 수 없다.

그렇다면 신라에서는 왜 여자를 임금으로 삼았을까?

이상하지 않은가? 이 문제를 풀기 위해 머리를 굴려 보자.

우선 선덕여왕과 진덕여왕이 탄생한 이유부터 추적해 보자.

신라는 골품제도⁴¹⁾가 있는 신분제 사회였다. 이 제도하에서 왕은 성골만 할 수 있었다. 그런데 26대 진평왕을 마지막으로 성골 출신 남자의 씨가 말라 버렸다. 그래도 다행히 성골 출

41) **골품제도** 신라의 신분제도. 성골, 진골, 6두품, 5두품, 4두품으로 구성되었다.

열정과 신념으로 똘똘 뭉친 사람들 **197**

선덕여왕릉

신 여자는 있었다. 진평왕의 딸인 선덕이었다. 남자들은 아니꼽지만 여자가 왕이 되는 것을 인정할 수밖에 없었다.

왜냐고? 두말하면 입 아프다. 신분제 사회였으니까.

아이고! 그런데 또 골머리를 앓게 됐다. 선덕여왕이 죽어 버렸다. 이제 성골은 그야말로 천연기념물 같은 존재가 되어 버렸다. 그래도 걱정은 마라. 아직 성골이 완전히 사라진 것은 아니다. 선덕여왕에게 사촌동생이 있었으니, 그녀가 마지막 남은 성골이었다. 이름이 진덕이었다. 귀족들은 화백회의를 열어 여자인 진덕을 왕으로 추대할 수밖에 없었다.

성골은 진덕여왕을 마지막으로 지구상에서 완전히 사라져 버렸다. 진골 귀족들은 다시 화백회의를 개최했다. 회의 결과는? 진골 중에서 왕의 자질이 있는 자를 선발하여 나라를 맡기기로 했다. 진골들의 여론으로는 알천[42]이 가장 유력한 후보였다. 그러나 안타깝게도 알천에게는 그를 강력하게 밀어줄 군사력이 없었다.

42) **알천** 당시 화백회의의 의장인 상대등이었다. 상대등은 지금의 국회의장이라고 할 수 있다.

비록 알천만큼은 아니었지만 알천에 버금갈 정도의 인물이 후보로 올라왔다. 김춘추였다. 춘추는 당나라에 가서 나·당 연합을 맺고 온 인기 '짱'의 남자였다. 또 춘추의 뒤에는 군권을 틀어쥔 김유신이 있었다. 춘추와 유신은 처남 매제 사이였다.

화백 회의에 참석한 진골 귀족들은 알천을 왕으로 추대하

려 했으나 알천이 춘추에게 양보했다. 춘추도 무서웠지만, 그 뒤에 버티고 서 있는 김유신의 군사력이 더 무서웠을 것이다. 진골 귀족들도 더 이상 알천에게 왕 자리를 권할 수 없었다. 진골들은 결국 만장일치로 김춘추를 왕으로 추대했다. 드디어 진골 출신 첫 임금이 탄생한 것이다(645년). 태종 무열왕이었다.

김부식은 『삼국사기』를 서술하며, 성골에서 진골로 왕권이 교체된 것을 기준으로 삼아 신라의 시대를 구분하였다. 즉, 성

▶ 『삼국사기』에 나온 신라의 시대 구분법

	상대	중대	하대
재위	1대 박혁거세~ 28대 진덕여왕	29대 무열왕~ 36대 혜공왕	37대 선덕왕~ 56대 경순왕
시기	기원전후~ 7세기 중반	7세기 중반~ 8세기 후반	8세기 후반~ 10세기 전반
출신 성분	성골	진골(무열왕 직계)	진골(내물왕 방계)

골이 임금을 했던 진덕여왕까지를 상대라 하고 진골 출신으로 첫 왕이 된 무열왕(7세기 중반)부터를 중대라 하였다. 중대는 무열왕계 직계 자손이 임금을 했던 8세기 후반 혜공왕까지를, 내물왕의 방계[43]에서 임금이 배출된 선덕왕부터 신라가 멸망한 936년까지를 하대라 했다.

43) **방계** 친자식으로 직접 이어지지 않고 형제·조카와 같이 공통의 조상에서 갈라지는 혈연관계.

그렇다면 진성여왕은 어떻게 왕이 되었을까?

진성여왕이 왕위에 있었던 시대는 신라 하대로 진골 귀족들의 왕위 쟁탈전이 치열해서 사회가 크게 혼란했던 시기였다. 그런 시대에 여자의 몸으로 왕이 되었다면, 뭔가 이유가 있었을 것이다. 그 이유를 찾아보자.

진성여왕의 아버지인 경문왕은 47대 임금인 헌안왕의 사위였다. 헌안왕에게는 왕위를 물려줄 아들이 없이 딸만 둘 있었다. 왕은 딸이 아닌 사위를 후계자로 삼았다. 사위가 왕위를 계승하자 이에 불만을 품은 세력이 반기를 들었다. 경문왕은 제도 개혁 및 학문 진흥을 통하여 이 난관을 슬기롭게 극복해 나가 아들인 정강왕에게 무사히 왕위를 물려줄 수 있었다. 여기까지는 그런대로 왕위 계승이 무난하게 이루어졌다. 그런데 문제는 정강왕이었다. 그는 죽으면서 왕위를 여동생인 진성에게 물려주었다. 왜 그랬는지는 누구도 모른다. 조금 옹색스럽긴 하지만 굳이 이유를 들자면, 경문왕 가문이 왕위를 독점하기 위해 그랬을 가능성이 크다. 아무튼 이렇게 해서 신라 마지막 여왕인 진성여왕이 탄생했다.

스토커 지귀의 불타는 사랑

선덕여왕이 나라를 다스리던 시절에 지귀라는 젊은이가 있었다. 활리역이라는 촌에 사는 젊은이였는데, 하루는 경주에 나갔다가 행차하는 여왕을 보고 첫눈에 반해 버렸다. 그날 이후로 지귀는 잠도 자지 않고 밥도 먹지 않으며 끙끙 앓기만 했다. 선덕여왕을 짝사랑하다가 그만 미쳐 버리고 만 것이다.

"아름다운 여왕이여, 나의 사랑 선덕여왕이여!"

지귀는 거리를 쏘다니며 선덕여왕만 불러 댔다. 이를 본 관리들이 지귀를 잡아다가 매질을 하며 야단쳤지만 아무 소용이 없었다.

어느 날이었다. 여왕이 영묘사로 불공을 드리러 대궐 문을 나섰다. 이 소식을 들은 지귀는 길목을 지키고 있다가 여왕이 보이자 크게 이름을 부르며 앞으로 뛰쳐 나갔다. 왕의 행차를 구경하고 있던 사람들이 지귀를 붙잡으며 소동이 벌어졌다. 사람들이 우왕좌왕하며 거리가 혼잡해지자 여왕이 옆에 있던 관리에게 물었다.

"대체 무슨 일이냐?"

"폐하 앞으로 뛰쳐나오려는 사람 때문에 소란이 일어났습니다."

"나에게 온다는데 왜 붙잡았느냐?"

"아뢰옵기 황송하오나, 저 사람은 지귀라고 합니다. 미친 사람인데 폐하를 사모하고 있다고 하옵니다."

그러자 여왕은 뜻밖에도, "고마운 일이로구나!" 하며 지귀를 놓아 주도록 명령했다.

지귀는 너무나도 기뻐서 춤을 덩실덩실 추며 여왕의 행렬을 뒤따랐다.

선덕여왕은 절에 들어가 부처님에게 불공을 드렸다. 그러는 동안 지귀는 탑 아래 앉아서 여왕이 나오기만을 기다렸다. 그러나 여왕은 좀처럼 나오지 않았다. 지귀는 지칠 대로 지쳐 그만 그 자리에서 잠이 들고 말았다.

여왕은 불공을 마치고 나오다가 탑 아래에 잠들어 있는 지귀를 보았다. 가엾다는 듯이 물끄러미 바라보고는 팔목에 차고 있던 금팔찌를 뽑아서 지귀의 가슴 위에 올려놓은 다음 대궐로 돌아갔다. 여왕이 사라진 뒤에야 비로소 잠이 깬 지귀는 가슴 위에 놓인 여왕의 팔찌를 보고 깜짝 놀랐다. 그는 팔찌를 가슴에 꼭 껴안고서 크게 기뻐했다.

기쁜 마음이 얼마나 강했던지, 몸 밖으로 열이 터져 나와 지귀를 새빨간 불덩어리로 만들어 버렸다. 이 일이 있은 뒤부터 경주 시내에 영문 모를 화재가 빈번하게 일어났다. 불귀신이 된 지귀가 벌인 소동이라고 소문이 돌았다.

이 소식을 전해 들은 선덕여왕은 불귀신을 쫓는 주문을 지어 백성들의 집에 붙이도록 했다.

지귀는 마음에서 불이 나[志鬼心中火]
몸이 불귀신으로 변하였다[燒身變火神].
바다로 멀리 쫓아서[流移滄海外]
보지도 말고 친하지도 말지어다[不見不相親].

이후 경주에서는 난데없는 화재가 더 이상 발생하지 않았다. 불귀신이 된 지귀가 선덕여왕의 뜻을 따랐기 때문이라고 한다.

지금도 많은 유명 인사들이 스토커 때문에 골머리를 썩는다. 스토커에 시달리는 사람은 선덕여왕의 지혜를 한번쯤 생각해 볼 필요가 있다. 스토커가 자신을 괴롭힌다면, 짜증내며 무작정 따돌리려 하지 말고 선덕여왕과 같은 현명한 방법으로 스토커의 마음을 위로해 줄 필요가 있다.

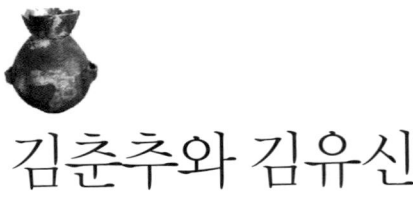

김춘추와 김유신

삼국을 통일한 두 주역은 김춘추와 김유신이다. 둘은 처남 매제 사이로, 김유신의 누이동생이 김춘추의 부인이었다.

김춘추는 유신의 군사력을 등에 업고 신라 최초로 진골 출신 왕이 될 수 있었다. 어느 시대나 군사력이 없으면 권력을 장악하기가 쉽지 않다. 고려 말기에 정몽주를 비롯한 온건파 사대부들이 다수파였는데도 소수의 혁명파 사대부에게 밀려난 이유는 정도전을 비롯한 혁명파 사대부 뒤에 이성계라는 걸출한 무장이 있었기 때문이다.

여기서 질문 하나!

김춘추와 김유신은 성씨가 같으니 친척이다.

맞는 말일까?

아니다.

김춘추는 '경주 김씨', 김유신은 '김해 김씨'이다.

김유신은 금관가야를 세운 김수로왕의 후예로 금관가야의 마지막 임금인 김구해의 증손자였다. 구해가 신라에 항복하며 신라의 진골 가문이 된 김유신 집안은 요즘 말로 무척 '왕따'를 당했다.

왜냐고?

척하면 삼천리지. 뭘 물어봐.

상식적으로 생각해 봐라. 자부심으로 가득 차 있던 신라의 정통 진골들에게 무늬만 진골인 김유신 집안이 맘에 들었겠어.

김춘추 초상(좌)과 김유신 초상(우).

김유신의 아버지 서현의 사랑 이야기를 들어 보면, 그 집안의 한 맺힌 사연을 곧바로 알 수 있다. 자! 그럼 지금부터 서현과 만명의 달콤한 로맨스와 신라 최대의 스캔들을 일으킨 춘추와 문희의 사랑 대작전을 살펴보자.

기대하시라, 개봉 박두!

김유신 집안의 사랑 이야기

김서현 장군은 유신의 아버지다. 진골이었지만 경주의 정통 진골들이 가야 출신이라고 소외를 시켜 나이가 꽉 차도록 결혼을 할 수 없었다. 그런 그에게 연정을 품은 여인네가 나타났으니, 경주의 토착 귀족인 숙흘종의 딸 만명이었다.

둘은 무척이나 사랑했다. 하지만 둘 사이에는 사랑을 가로막는 방해꾼이 있었다. 바로 만명의 아버지인 숙흘종이었다. 그는 딸이 무늬만 귀족인 서현과 사귀는 것을 눈치 채고 크게 화를 내며 집 안에 감금해 버렸다.

만명은 너무 슬펐다. 서현이 하루에도 열두 번은 보고 싶었으나, 감시가 심해 대문 밖으로 나갈 수 없었다. 그러던 어느 날이었다. 하늘에서 갑자기 천둥이 치더니 벼락이 대문 앞에 떨어졌다. 문을 지키고 있던 하인이 혼비백산하여 줄행랑을 놓았다. 만명은 이 틈을 놓치지 않고 재빨리 문을 빠져나와 서현의 품에 안겼다.

사랑에 국경이 없음을 몸소 실천한 것이다. 자식 이기는 부모 없다고 숙흘종은 만명과 서현의 사랑을 인정할 수밖에 없었다. 서현은 노총각 딱지를 떼고 만명과 혼인하여 알콩달콩 잘살 수 있었다. 부부간의 금슬이 어찌나 좋았던지, 서현의 집은 그 때 이후로 참기름을 사 본 적이 없다고 전해진다. 진짜 믿지는 않겠지? 웃자고 한 얘기다.

아무튼 이 결혼은 서현의 출세에 꽤나 도움이 되었다. 신라 사회에서 명성을 날리고 있던 숙흘종의 사위가 됨으로써 자연스럽게 폐쇄적인 토착 귀족들 사이에 끼어들 수 있었다. 그의 가문이 신라의 명문가로 도약할 기반이 마련된 것이다.

김유신이 김춘추를 매제로 삼기 위해 쏟은 눈물겨운 노력 또한 지배층인 진골 사회에 확실히 정착하기 위한 김유신 가문의 몸부림이었다. 김춘추는 젊었을 때부터 촉망받는 진골로 김유신과는 친구 사이였다. 춘추의 사람됨을 일찍부터 알아차린 유신은 자기 동생과 춘추를 엮어 주려 했다.

어느 날이었다. 유신은 공을 차면서 춘추의 옷고름을 의도적으로 밟아 떼어 버렸다. 시합이 끝난 후에 유신이 말했다.

"우리 집에 가서 술이나 한잔하면서 동생에게 옷고름을 달아 달라고 부탁하세."

당시 김유신에게는 누이동생이 둘 있었다. 첫째가 보희, 둘째가 문희였다. 유신과 춘추는 함께 유신의 집으로 와 거나하게 취할 정도로 술을 마셨다. 흥이 무르익자 유신이 보희를 불러 춘추의 옷고름을 달아 주게 했다. 그러나 보희는 외간 남자 앞에 함부로 나설 수 없다며 거절했다. 유신은 다시 문희를 불렀다. 보희에 비해 문희는 간덩이가 컸다. 주저하지 않고 잽싸게 나와 춘추 앞에 다소곳이 앉아 옷고름을 달았다.

춘추가 보기에 바느질하는 문희는 요조숙녀 천사였다. 둘 사이에 썸씽이 생기더니, 문희의 배가 점점 불러 왔다.

이거 큰일이 났다. 처녀가 임신을 했으니, 이제 어찌할 것인가? 춘추는 고민했다. 다른 진골들이 왕따시키는 김유신 집안과 인연을 맺을 것인가? 그냥 모른 척할 것인가?

미적미적하는 춘추를 보다 못한 유신은 다시 한 번 계략을 꾸몄다.

선덕여왕이 경주 남산에 행차하는 날이었다.

유신은 마당에 불을 피워 놓고 "부모 몰래 처녀가 애를 가졌다."며 문희를 태워 죽인다고 동네방네 소문을 냈다. 남산으로 가던 여왕이 검은 연기가 유신의 집에서 올라오는 것을 보았다.

연유를 물으니, 신하 하나가 자초지종 설명을 했다. 여왕은 춘추를 나무라며 속히 가서 문희를 구하고 결혼식을 올리라 명령했다. 춘추의 결심을 끌어내리려 유신이 벌인 깜짝쇼에 여왕이 속아 넘어간 것이었다.

두 사람의 결혼은 서로에게 윈윈(win-win) 전략이었다. 처남매제 지간이 된 유신과 춘추는 서로를 밀어 주고 끌어 주며 함께 힘을 길러 삼국 통일의 대업을 이룰 수 있었다.

여기서 재미있는 사실 하나를 더 이야기하자. 문희가 춘추와 결혼하여 왕비가 된 것은 비단을 주고 산 꿈 때문이었다고 한다.

　춘추를 처음 만나던 날 아침에 보희가 자신이 꾼 꿈을 문희에게 이야기했다. 경주 남산에서 오줌을 누었더니 시내 전체가 오줌 바다가 되어 버리더라는 해괴망측한 꿈이었다.

　보희는 울상을 지으며, 걱정을 크게 했다. 문희가 길몽이니 걱정하지 말라며 다독거렸으나, 보희는 계속 찝찝해했다. 그러자 문희는 자기에게 꿈을 팔라고 했다. 보희는 비단 몇 필을 받고 덜컥 문희에게 꿈을 팔아 버렸다.

그런데 그 꿈은 정말 좋은 꿈이었다. 왜냐고?

보희의 오줌으로 경주 전체가 잠기게 되었으니 경주 땅은 이제 곧 보희 것이 된다는 하늘의 계시가 아니겠는가? 하지만 보희는 그 꿈을 동생에게 비단 몇 필에 팔았고, 꿈을 산 문희는 그날 신라의 왕이 될 춘추를 만나 사랑하는 사이가 되었다. 결국 문희는 꿈을 산 덕분에 신라 왕비가 되어 천하를 자기 것으로 만들었던 것이다.

 **역사 그루터기**

김유신과 천관녀의
무너진 사랑탑

신라 삼국 통일의 주역 김유신에게도 아버지 서현에 버금갈 정도의 로맨스가 있었다. 바로 천관녀와의 사랑이었다. 하지만 김유신의 사랑은 아버지와는 달리 신분 차이로 인해 이루어질 수 없었던, 무너진 사랑탑이었다.

김유신은 젊은 시절에 친구들과 함께 기방 출입을 자주 하였다. 그곳에서 천관녀라는 기녀를 만났고, 둘은 이내 죽고 못 사는 사이가 되고 말았다. 어머니가 이 사실을 알고 유신을 불렀다.

"나는 이미 늙어서 밤낮으로 오직 네가 성장하여 가문을 빛내기만 기다리고 있는데, 너는 기생집을 출입하며 사랑 타령이나 하고 있느냐."

어머니의 꾸중을 들은 유신은 자신의 잘못을 깨닫고, 다시는 기방 출입을 하지 않겠다고 맹세했다.

며칠이 지난 나른한 오후였다. 유신이 친구들과 놀다가 집으로 돌아오는 길에 말 위에서 잠깐 졸았다. 말 우는 소리에 정신을 차려 보니, 천관녀의 집 앞이었다.

천관녀가 버선발로 뛰어나왔다. 그러나 유신은 천관녀는 쳐다보지도 않고, 허리에 차고 있던 칼로 타고 온 말의 목을 친 후에 집으로 곧장 가 버렸다. 천관녀는 무척 상심했다. 그 후 천관녀는 유신을 원망하며 노래를 한 곡 지었다. 노래 제목이 「원사(怨詞)」였다.

유신은 천관녀가 죽자, 그녀의 집터에 절을 지어 천관사라 했다. 한때 사랑했던 여인의 영혼을 위로하기 위해서였다.

한편 사람들은 유신이 말을 죽인 자리를 '참마항'이라 불렀으며, "김유신의 삼국 통일 위업은 참마항에서 시작됐다."라고 곧잘 얘기하고는 했다.

최근 연구에 따르면, 천관녀는 기녀라기보다 하늘의 뜻을 받드는 무당이었을 가능성이 더 크다고 한다. 천관녀를 한자로 쓰면 '天官女'이니 타당한 주장이라고 할 수 있다.

선덕여왕을 빛낸 세 가지 예언

여자의 몸으로 왕이 된 선덕에 대한 국내외 여론은 별로였다. 신라 정부는 선덕여왕이 비록 여자이지만 왕의 자질은 남자보다 더 뛰어나다는 걸 보여 줄 필요가 있었다. 그래서 홍보팀을 구성하여 여왕의 입지를 강화하기 위한 이벤트 개발에 발 벗고 나섰다. 이때 개발된 이벤트가 일연의 『삼국유사』에 몇 개 나와 있다.

이벤트 하나 어느 날 여왕에게 당나라 태종이 모란을 그린 그림과 그 씨앗 3되를 보내왔다. 여왕이 그림을 보고 말했다.

"이 꽃에는 반드시 향기가 없을 것이다."

씨앗을 궁궐 안 꽃밭에 뿌리자 꽃이 피었는데 과연 향기가 없었다. 신하들이 궁금해하며 여왕에게 묻자 그녀가 말했다.

"그림 속 모란꽃에 나비가 날지 않고 있었으니, 이는 향기가 없음을 뜻하는 것이다. 또한 당 태종이 그런 그림을 내

게 보낸 것은 내가 남편 없이 홀로 사는 것을 조롱하는 뜻도 담겨 있을 것이다."

이벤트 둘 636년(선덕여왕 5년) 겨울, 궁성 서쪽 영묘사(靈廟寺) 옥문지(玉門池)에 많은 개구리가 모여들어 삼사 일을 계속 울어댔다. 신하들이 이상히 여겨 여왕에게 물었다. 왕은 각간 알천과 필탄에게 급히 명령을 내렸다.

"병사 2천 명을 데리고 서쪽 교외로 나가 여근곡(女根谷)을 찾아라. 그곳에 필시 백제 병사가 매복해 있을 것이다."

알천 등이 군사를 이끌고 서쪽으로 가서 수소문을 해 보니, 부산(富山) 밑에 여근곡이 있었고, 그곳에 500명의 백제군이 숨어 있었다. 신라군은 기습 작전으로 백제군을 모두 섬멸하였다. 사건이 종결된 후에 신하들이 물었다.

"여근곡에 백제 병사들이 숨어 있는 것을 어떻게 아셨습니까?"

그러자 여왕이 말했다.

"개구리는 눈이 불거진 모양이 성난 형상이니 군사의 상징이고, 옥문이란 여근이며, 여자는 음(陰)인데 그 색은 희고 흰색44)은 서쪽을 상징한다. 그래서 적군이 서쪽에 있음을 알았고, 남근(男根)은 여근 속에 들어가면 반드시 죽으므로 쉽게 잡을 수 있음을 짐작했다."

44) **흰색** 오방 사상으로 보았을 때, 흰색은 서쪽을 상징하는 색이다. 파란색은 동쪽, 붉은색은 남쪽, 검은색은 북쪽, 누런색은 중앙을 상징한다.

이벤트 셋 어느 날 여왕이 신하들에게 말했다.

"내가 ○년 ○월 ○일에 죽을 것이니, 도리천에 무덤을 만들어 달라."

신하들이 도리천이 어딘지 몰라 자세하게 설명해 달라고 하니, 낭산(狼山)의 남쪽이라고 대답했다. 여왕은 정말 자신이 예언한 날에 세상을 떠났다. 신하들은 유언에 따라 낭산 남쪽의 양지바른 곳에 여왕을 묻었다. 그 후 10여 년이 지난 뒤에 문무왕이 선덕여왕의 무덤 아래에 사천왕사(四天王寺)를 세웠다. 불교 경전에 "사천왕천(四天王天) 위에 도리천이 있다."고 나와 있다. 선덕여왕은 죽기 전에 자신의 무덤 아래에 사천왕사라는 절이 창건될 것을 미리 내다 보고 도리천에 묻어 달라 했던 것이다.

물론 위의 이벤트들은 진실이라기보다는 창작되었을 가능성이 크다. 그러나 중요한 것은 이러한 이벤트들을 신라 정부가 적절히 활용하면서 왕권을 강화해 나갔다는 것이다. 그런 의미에서 선덕여왕 시절 신라의 홍보팀은 초일류였다고 말할 수 있다.

선덕여왕릉으로 오르는 길의 솔숲

두 젊은이의 굳은 맹세, 임신서기석

임신서기석이 임신하고 세운 비석이냐고?

아니다.

신라의 두 젊은이가 3년 이내에 유교 경전을 공부하고 그것을 실천에 옮길 것을 맹세하면서 세운 비석이다.

1934년 5월경에 당시 경주보통학교 교장이었던 오사카 긴타로 씨가 소풍을 갔던 금장대[45]에서 우연히 발견하였고, 지금은 국립 경주박물관에 보관되어 있다. 보물 1411호로 지정되어

> [45] **금장대** 현재 경상북도 경주시 석장동에 있는 석장사 터 부근 언덕.

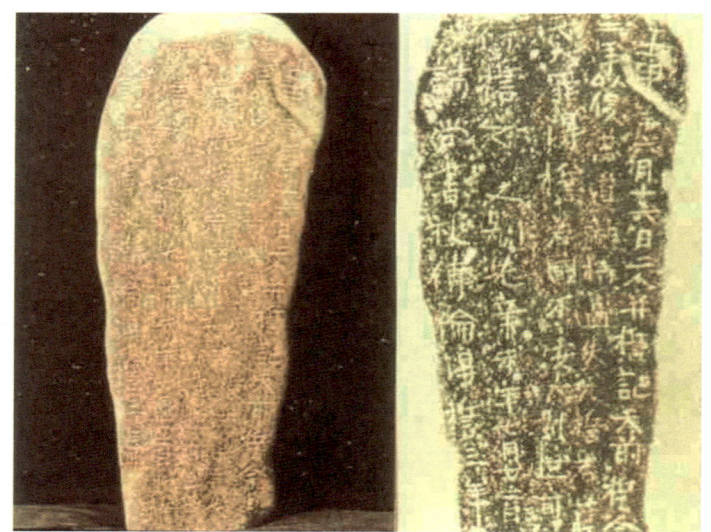

임신서기석(좌)과 탁본(우)

있지만, 평범한 자연석에 낙서하듯이 5행 74자를 새겨 놓은 볼품없는 비석이다.

비문은 우리말 식의 한문체 문장으로 작성되어 있는데, 전체 내용을 해석할 수 있어서 당시 젊은이들의 애국심과 드높은 기상을 알 수 있다.

임신년(壬申年) 6월 16일에 두 사람이 함께 하늘 앞에 맹세하여 쓴다. 지금으로부터 3년 이후에 충성의 도를 지키고 허물이 없기를 맹서한다. 만약 이 일을 그르치면 하늘로부터 큰 죄를 얻을 것을 맹서한다. 또한 나라가 불안하고 세상이 크게 어지러워지면 가히 배운 것을 실천할 것을 맹서한다. 또한 따로 앞서 신미년 7월 22일에 크게 맹서하였다.『시경』『상서』『예기』『춘추전』을 차례로 익히기를 맹서하되 그 기한은 3년으로 하였다.

비의 제작 연대는 정확히 알 수 없다. 일부 학자는 화랑 두 사람이 작성자라고 주장하지만, 그 또한 확실치는 않다. 다만 비석의 내용으로 봤을 때, 신라에 유학이 번성했고 청소년들이 공부를 열심히 했다는 것을 짐작할 수 있을 뿐이다.

나라의 미래는 청소년들의 드높은 기상과 열정에 좌우된다. 신라의 청소년들처럼 대한민국 청소년들도 높은 기개를 지닌 진취적인 사람으로 성장했으면 무척 좋겠다.

신라인들도 골치 아팠던 군대 문제

대한민국 청소년들에게 군대 문제는 이래저래 골치가 아프다. 안 갈 수도 없고, 가자니 새파란 청춘이 너무나 아깝고. 그런데 이러한 고민은 고대에도 있었다. 신라 사람들의 군역 문제를 현재 젊은이들의 군역 의무와 비교해서 살펴보는 것도 재밌을 것 같다.

기대하시라, 개봉 박두!

신라인과 대한민국 사람 중 누가 더 군대 생활을 힘들게 했을까?

결론부터 말한다면, 고대 사람들의 군역이 요즘 젊은이들보다 무거우면 무거웠지 결코 가볍지는 않았다. 지금이야 몸으로 때우는 의무가 군역 의무뿐이지만, 고대 사회는 군역 이외에도 요역이라고 해서 일정 기간 동안 관청이 필요로 하는 노동력을 제공해야 했다. 또 군역 의무도 2~3년 쌈빡하게 끝나는 것이 아니고, 15세 정도부터 시작하여 백발 할아버지가 되는 60세 정도까지 지속적으로 이루어졌다. 물론 지금처럼 병영에 기숙하면서 군대 생활을 한 것은 아니었다. 평소에는 농사를 짓다가 나라에 큰일이 터지면 군사로 동원되었다.

아무튼 역(役)은 고대의 평민들이 평생 동안 짊어져야 하는 무거운 부담이었다.

다음 설화가 그것을 잘 증명하고 있다. 선덕여왕의 아버지인 진평왕이 나라를 다스리던 시절의 이야기이다.

경주에 용모가 단정하고 마음씨가 착한 설씨녀가 늙은 아버지와 함께 살고 있었다.

아버지가 늙고 병들었는데 입대하라는 통보가 왔다. 설씨녀는 고민했다. 아버지 대신 군대를 가고 싶었으나, 여자라 그럴 수도 없었다.

이때 설씨 부녀의 고민을 해결해 줄 정의의 사자가 나타났으니 그의 이름은 가실이었다.

평소에 설씨녀를 사모한 가실은 그녀의 고민을 눈치 채고 자기가 대신 군대에 가겠다고 자청했다.

설씨녀는 너무 기뻤다. 아버지 또한 가실에게 고맙다고 하면서 다음과 같이 약속했다.

"만일 그대가 내 딸을 싫어하지 않으면, 백년가약을 맺어 그대를 받들게 하겠네."

이 말을 들은 가실은 설씨녀에게 곧바로 청혼을 했다.

설씨녀 또한 듬직한 가실이 사랑스러워 군역 의무를 마치고 오면 곧장 결혼하기로 굳게 약속을 했다.

그런데 이게 웬일이란 말이냐? 당시는 삼국 간에 잦은 전쟁이 있던 시기였다. 전투에 참가한 가실은 6년이 지나도록 고향 땅을 밟을 수 없었다. 설씨녀의 아버지는 노처녀로 늙어 가는 딸이 불쌍해서 그녀의 완강한 반대에도 불구하고 다른 사람과 결혼시키려 했다. 아버지의 말을 거역할 줄 몰랐던 착한 설씨녀는 이러지도 저러지도 못하고 눈물로 날밤을 새웠다.

이때 기적이 찾아왔다. 가실이 돌아온 것이다.
설씨녀는 말도 못하게 기뻤다.
마을 사람들의 축복 속에 마침내 그들은 부부가 되어 알콩달콩 잘살았다.

장콩 선생이 봐도 너무 아름다운 사랑 이야기다. 그러나 이 설화에서 유심히 살필 것이 있다. 당시 남자들에게 지워진 군역 의무의 무게감이다. 빼빼 마른 힘없는 노인에게도 군역 의무가 있었고, 한번 군대에 끌려가면 언제 돌아올 줄 몰랐다. 고대 사회 사람들과 비교해 보면, 요즘 젊은이들은 그래도 국방의무가 가벼운 편에 속한다.

장콩 선생도 젊은 날의 3년을 후줄근한 푸른 제복과 함께 지냈다. 군 생활을 한 지 30여 년이 지났건만, 지금도 기억 속에 선연히 남아 있는 빛바랜 추억을 가끔씩 꺼내 본다. 대한민국 남자들에게 군대는 추억의 보석 상자이다.

아직도 기억나는 추억 하나! 차가운 바람이 부는 10월 어느 날 새벽, 졸린 눈을 비벼 가며 논산 훈련소 초소에서 훈련병의 신분으로 보초를 서고 있었다. 인기척이 전혀 없는 캄캄한 밤에 전방만 뚫어지게 쳐다보고 있는데, 아주 멀리 떨어진 인가에서 불빛 몇 개가 아른거렸다. 그때 마음속에서 탄식처럼 쏟아진 말이 "어머니, 왜 날 낳으셨나요."였다. 그땐 정말 탈영이라도 하고 싶었다. 멀리서 희미하게 흔들리는 불빛의 유혹이 얼마나 강했으면 그런 생각을 했겠는가? 군대는 폐쇄된 곳이기에 항상 고향과 어머니와 자유가 그립다. 그런 군 생활 3년을 무사히 마칠 수 있었던 것은 대한민국 남자라면 당연히 해야 할 의무였기 때문이다.

　지금 생각해 보면, 군대는 대한민국 젊은이들을 실천력 강한 남자로 성장시키는 매력적인 곳이다. 물론 자유가 없다는 이유 때문에 감옥만큼 가기 싫은 곳이기도 하다. 그래도 다행인 것은 가실이 근무했던 고대의 군대보다는 삶의 질이 훨씬 좋아졌다는 점이다. 피할 수 없다면 즐기라고 했다. 군대 또한 사람 사는 곳이기에 마음먹기에 따라서 즐길 수 있다. 군대를 무서워하지 말자! 뜨거운 피가 흐르는 젊은 청춘들이여!!!

흰 피 흘리며 죽어 간 이차돈

법흥왕 14년(527), 그러니까 6세기 전반에 경주에서 생긴 일이다. 이차돈의 목을 치자, 흰 피가 한 길이나 솟구치며 하늘에서 꽃비가 내렸다. 그를 죽이자고 주장했던 귀족들은 좌불안석이 되었다. 귀족들의 압력에 밀려 심복인 이차돈을 죽여야 했던 법흥왕은 오히려 기세등등해졌다. 귀족이 결사반대하던 불교 공인의 기회를 드디어 잡게 된 것이다.

삼국에 불교가 수용된 것은 4세기 후반이었다. 고구려나 백제는 왕실의 주도로 중국에서 들여온 불교를 손쉽게 공인했다. 그러나 유독 신라는 불교를 국가적으로 인정하고 시중에 널리 퍼지게 하는 데 어려움을 겪었다.

뭐! 불교 국가로 소문난 신라가 불교를 처음 받아들일 때는 어려움을 겪었다고?

그렇다. 신라에 불교가 처음으로 소개된 것은 이차돈이 죽기 약 100여 년 전인 5세기 전반이었다. 고구려의 승려 묵호자가 신라의 일선군(현재 경북 구미시 선산읍)에 들어와 모례의 집에서 포교 활동을 시작했다. 하지만 신라는 사회 발전의 속도가 고구려나 백제보다 뒤져서 이때까지만 하더라도 하늘신 숭배나 샤머니즘 같은 원시 신앙이 귀족 사회에 뿌리박혀 있었다. 또한 지배층인 귀족의 입장에서 불교의 윤회설은 도저히 받아들일 수 없었다. 당시 신라 사람들은 일반적으로 자신의 신분이 죽어서도 그대로 이어진다는 '계세사상(繼世思想)'을 신봉하고 있었다. 그런데 불교는 현세에서 좋은 일을 많이 하지 않으면 지옥에 간다고 설교했다. 인간 세상에서 맘껏 누리고 있는 부귀영화를 죽어서도 누리고 싶은 귀족들에게 불교는 당연히 배척해야 마땅한 못된 종교였다.

그러나 법흥왕의 생각은 달랐다. 이미 불교가 융성하고 있던 중국이나 고구려·백제를 보니, 군주들이 앞장서서 불교를 발전시키고 있었다. 그 이유가 뭔가 하고 조사해 봤더니, "왕은 곧 부처다[王卽佛]."라고 주장하면서 왕의 권위를 강화하는 데 불교를 적극적으로 이용하고 있었다.

진골 귀족들의 권위에 눌려 왕권이 약했던 신라왕의 입장에서 불교 수용은 구미가 당기는 일이었다.

"불교가 공인된다면 왕권이 강화됨으로써 내 자손들은 편하게 나라를 다스릴 수 있으리라."

하지만 귀족들이 벌떼처럼 들고일어나 반대할 것이 뻔했다. 왕은 밤에 잠도 자지 않고 고민에 고민을 거듭했다. 마침 왕

옆에는 왕보다 불교 수용에 더 적극적인 신하가 하나 있었다. 이차돈이었다. 어느 날 이차돈이 왕에게 귀족들을 옴짝달싹 못하게 만들 절묘한 방안을 내놓았다.

이차돈은 법흥왕과 비밀리에 짜고 임금의 지시라고 하면서, 하늘신을 모시는 신성 구역인 천경림(天敬林)에 절을 지으려고 했다. 아니나 다를까 귀족들이 들고일어났다. 불교 수용을 공공연히 외치고 다니던 이차돈과 그를 후원하는 왕의 행태가 못마땅하던 차에 신성 구역 안에 절을 지으려 하니, 도저히 용납할 수 없었다. 귀족들은 이차돈을 당장 죽이자고 왕에게 말했다. 왕은 못 이긴 척하며 그들의 요구를 받아들였다.

"이차돈의 목을 베라."

귀족들은 어안이 벙벙했다. 자기 심복을 저렇게 쉽게 내치다니. 이차돈을 계속 두둔하면 왕까지 몰아내려고 작심했던 귀족들은 왕의 명령에 당황할 수밖에 없었다. 게다가 이차돈을 죽

이니 하늘에서 꽃비가 내리며 기적이 발생했다.

이제는 전세가 완전히 역전되었다. 왕이 주도권을 쥐고 귀족들을 다그치기 시작했다. 이차돈의 목에서 흰 피가 솟는 것을 본 귀족들은 입도 벙긋할 수 없었다. 왕은 불교를 인정한다고 공개 선언을 한 후에 거리낄 것 없이 신라 땅에 절을 짓기 시작했다.

이차돈은 자신이 모든 책임을 지고 형장의 이슬로 사라졌지만, 그가 간절히 수용하기를 원했던 불교는 신라 땅에 착실히 뿌리를 내렸다. 그리고 왕실의 전폭적인 지지를 받으며 급속도로 발전해 갔다. 특히 법흥왕 때부터 진덕여왕에 이르는 시기는 불교식 왕명이 사용될 정도로 불교가 융성했다.

법흥왕은 '불법을 흥하게 한 임금'이란 뜻에서 지어진 이름이다. 진평왕은 자신을 '백정'이라 했고, 부인은 '마야 부인'이라 했다. 백정은 석가모니의 아버지 이름이고, 마야 부인은 어머니 이름이다. 따라서 진평왕은 명목상 석가모니의 아버지였다. 한편 진흥왕, 진지왕, 진평왕, 진덕여왕과 같이 '참 진(眞)' 자를 이름 앞에 붙인 임금들이 다수 배출되었다. 이들이 '진' 자를 붙인 이유는 자신들이 부처를 탄생시킨 진짜 인도의 석가족이라는 의미에서였다. 이

이차돈 순교비 이차돈이 순교한 지 290여 년이 지난 818년에 세워진 6면 비석이다. 글씨는 마멸이 심하여 알아보기 힘드나, 한쪽 면에 새겨져 있는 이차돈의 순교장면은, 전해 내려오는 이야기 그대로, 땅이 진동하는 모습과 함께 꽃비가 내리는 가운데 잘린 목에서 흰 피가 솟아오르는 모습을 생동감 있게 잘 표현해 놓았다.

러한 설을 '진종설(眞種說)'이라 한다.

　과학이 발달한 지금이야 웃음만 나오는 얼토당토않은 얘기로 들리지만, 신라왕들은 이렇듯 부처님의 권위를 적절히 이용하는 작업을 통해 자신들의 왕권을 강화해 나갔다.

영원한 자유인 원효 대사

661년, 신라가 당과 연합하여 백제를 멸망시키고, 고구려마저 점령하기 위해 통일 전쟁을 한창 치르고 있을 때였다. 배움에 목말라 있던 신라의 승려 원효와 의상은 부푼 꿈을 가슴에 안고 선진 불교를 공부하기 위해 당나라 유학길에 올랐다.

당시 당나라는 손오공이 주인공으로 등장하는 소설 『서유기』의 실제 인물인 현장법사가 17년간의 인도 유학을 마치고 귀국하여 불교 르네상스를 이끌고 있었다. 이러한 당나라 불교계의 새 바람은 신라에도 전해졌다. 신라의 많은 승려들은 해외 유학을 꿈꾸는 요즘 젊은이들처럼 당나라 유학을 갈망했고 원효와 의상 또한 현장의 문하에서 공부하기를 원했다.

이제 가면 언제 돌아올지 모를 험난한 길이었다. 하지만 그들은 오직 학문에 대한 열정으로 경주를 출발했다. 몇 날 며칠을 걸어 충청남도 직산 지방에 이르렀다. 비가 억수같이 내리는데 밤이 되어도 잠잘 곳을 찾지 못했다. 한참을 걸으니 동굴이 하나 보였다. 둘은 동굴로 들어가 곧 깊은 잠에 빠져 들었다.

한밤중이었다. 원효는 갈증을 심하게 느껴 비몽사몽간에 물을 마셨다. 설탕물처럼 다디단 물이었다. 얼마나 맛났던지 아침까지 물맛을 잊지 못했다. 도대체 무슨 물이 감로수(甘露水)처럼 달았단 말인가? 원효는 잠에서 깨자마자 물부터 찾았다. 그런데 이게 웬일이란 말이냐? 감로수로 생각했던 물은 동굴 안 이곳저곳에 흩어져 있던 해골바가지 속에 담긴 썩은 물이었다. 원효는 구역질을 하며 먹은 것을 전부 토해 냈다. 때마침 원효의 머리에 생각 하나가 비수처럼 꽂혀 왔다.

"해골에 담긴 물은 어젯밤이나 오늘이나 똑같은 것이다. 그런데 어이하여 어제는 다디단 감로수였던 것이 오늘은 이토록 토악질을 하게 하는가?"

원효는 단박에 깨달았다.

"그렇다! 어제와 비교해서 달라진 것은 내 마음뿐이다. 『화

46) 일체유심조 모든 것은 마음먹기에 달려 있다.

엄경』에 나오는 '일체유심조(一切唯心造)'⁴⁶⁾가 바로 이것이로구나. 진리는 결코 밖에 있는 것이 아니라 내 안에 있을 뿐이다."

　원효는 해골 물 덕분에 그토록 바라던 깨달음을 얻게 되었다. 이제 당나라 유학은 무의미한 것이 되고 말았다. 원효는 의상과 헤어져 경주 땅으로 되돌아왔다. 그러고는 자신의 깨달음을 세상에 널리 알리기 위해 글쓰기에 몰두하였다.

　그가 일생 동안 쓴 책은 150여 권에 달했다. 그중에서 『대승기신론소』 『금강삼매경론』 『십문화쟁론』은 중국과 일본에까지 영향을 미칠 정도로 원효 사상의 정수를 담고 있는 좋은 책이다.

　『대승기신론소』는 불교의 근본이치를 이론과 실천 양면에서 설명한 중국 승려 마명(馬鳴)의 『대승기신론』을 원효가 독자적으로 해석한 책이다. 중국의 승려들이 '해동소'라 하며 즐겨 읽었다.

　『금강삼매경론』은 중국 5호 16국 시대 때 번역된 『금강삼매경』을 원효가 최초로 해석한 책이다.

『십문화쟁론』은 원효 사상의 핵심인 화쟁(和諍) 사상을 설명한 책으로 당시 승려들 사이에 의견이 분분했던 여러 설을 열 개의 주제로 정리하여 서로 통하게 함으로써 불교계 각 종파 간의 융합에 도움을 주었다.

여기서 잠깐 논과 소의 차이를 알아보자. '논(論)'은 석가모니가 생전에 말씀하신 내용을 모아 놓은 불경의 깊은 뜻을 해석한 것이다. 이와 달리 '소(疏)'는 경이나 논을 알기 쉽게 풀이해 놓은 해설서를 말한다.

원효 사상의 핵심은 화쟁에 있다. 원효가 살았던 시대는 불경 공부를 위주로 하는 교종 불교가 유행하고 있었다. 그러나 교종은 5교[47]로 나뉘어 서로 갈등하고 있었다. 이러한 시절에 원효는 특정한 교리나 학설을 고집하지 말고 비판과 분석을 통해 더 높은 차원의 가치를 끌어내야 한다고 주장하면서 불교계의 대화합을 강조하였다. 이러한 그의 주장을 '화쟁 사상'이라

47) **5교** 신라 중대에 유행했던 종파인 화엄종, 법상종, 법성종, 계율종, 열반종을 교종 5교라 한다.

한다.

원효의 삶은 보통 사람은 상상도 할 수 없는 '파격' 그 자체였다.

그를 뒤에서 후원해 준 사람은 요석공주로 알려져 있다. 그녀는 태종 무열왕의 둘째 딸로, 과부였다. 공주를 마음에 둔 원효는 "누가 자루 없는 도끼를 빌려줄 것인가, 하늘을 받칠 기둥을 깎고자 하네."라는 노래를 지어 부르며, 요석공주에게 애정 공세를 펼쳤다.

요석공주 또한 원효에게 마음이 있었다. 둘 사이에 사랑이 싹터서 결국 요석공주는 아이를 잉태했다. 이두를 체계적으로 정리한 신라의 대학자 '설총'이 이들의 아바타였다. 이후 원효는 계율을 스스로 어겼다고 하여 승복을 벗고 자신을 소성거사(小性居士)라 부르며 떠돌이 생활을 했다. 광대들이 가지고 노는 큰 박을 본떠 집착에서 벗어난다는 뜻을 가진 무애호(無碍瓠)를 만들고, 이것을 두드리면서 자신이 직접 지은 무애가를 불렀다.

그는 가끔 미친 사람처럼 행동하며 뭇사람들과 어울려 술

집이나 기생집에도 드나들었고, 칼과 망치를 가지고 다니며 돌에 글을 새기기도 했으며 때에 따라서는 음악도 즐겼다.

그러고 보면, 원효는 세상에 거리낄 게 전혀 없는 자유로운 삶을 살았다. 그러면서 나무아미타불(부처님에게 귀의한다.)만 외우면 극락에서 새롭게 태어날 수 있다는 정토 신앙을 신라 땅 곳곳에 전파했다. 또한 이를 통해 귀족 중심의 불교를 농민, 천민들도 믿는 대중 불교로 탈바꿈시켰다.

여기서 잠깐! 원효는 왜 좋은 옷에 좋은 음식을 마다하고 거지처럼 세상을 떠돌며 살았을까?

원효가 살았던 시대는 신라가 통일 전쟁을 치르고 있던 시기였다. 전쟁이란 정당성 여부를 떠나 민간인들에게는 고통스러운 것이다. 세계에서 가장 강하다는 미국이 주도한 이라크 전쟁만 하더라도 이라크 사람들에게 얼마나 많은 고통을 안겨 주었는지 TV뉴스를 통해서 확인할 수 있지 않은가? 미국의 부시 대통령은 이라크를 악의 축으로 몰아붙이며 전쟁을 시작했지만, 정작 전쟁의 소용돌이 속에서 고통을 받은 사람은 아무 죄도 없는 이라크 민간인들이었다.

신라인들도 비슷한 상황이었다. 지배층은 더 큰 평화를 위해서 삼국 통일을 달성하자며 전쟁을 주도했지만, 전쟁의 공포와 고통은 일반 평민들이 더 많이 겪었다. 이럴 때 종교(불교)는 심리적으로 불안한 사람들의 안식처가 되어 준다. 원효는 자신부터 집착에서 벗어나 대중 속으로 몸소 뛰어들어 그들과 함께 호흡하며 전쟁 통에 불안해하는 사람들을 위해 정토 신앙을 신라 땅 곳곳에 전파했다. 어찌 보면 참으로 대단한 승려가 원효였다.

의상 대사와 화엄사상

의상은 신라의 진골 출신이었다. 20세 전후의 나이에 세속적인 출세가 보장된 진골 신분을 헌신짝처럼 던져 버리고 승려가 되었다.

그는 부처님의 제자가 된 이후 열심히 공부했지만 배움에 대한 갈증이 날로 더해 갔다. 그러던 찰나 원효와 뜻이 맞아 선진 불교를 공부하기 위해 당나라 유학길에 올랐다. 첫 번째 시도는 실패로 끝났다. 650년에 육로를 이용해 고구려 땅으로 몰래 잠입하여 요동 지방까지 갔으나, 고구려 군사에게 발각되어 되돌아와야 했다. 그 후 10여 년 동안 전국을 떠돌며 수행하던 의상은 원효와 함께 661년에 또다시 당나라 유학길에 올랐다.

이번에는 배를 타고 가기로 작정하고 당나라로 가는 관문인 당항성48)으로 향했다. 그런데 직산 지방의 동굴에서 하룻밤을 묵는 동안 원효가 해골 물을 마시고 깨달음을 얻어 경주로 되돌아가 버렸다. 홀로 남은 의상은 당항성에서 귀국하는 당나라 사신의 배를 얻어 타고 중국으로 들어갔다. 본래 의상은 현장의 문하에서 공부하려 했으나, 사정이 여의치 못해 실제로는 중국 화엄종49)의 2대 교조인 지엄의 문하에서 화엄학을 공부하였다. 지엄은 당시 장안의 종남산 지상사에 살고 있었는데, 의상을 만나기 전날 밤에 꿈을 꾸었다고 한다. 내용인즉슨, 해동(海東)의 나무 하나가 크게 자라 가지와 잎이 번성하여 중국에까지 뻗쳐 왔다. 나무 위에 봉황의 집이 있어 올라가 보니 마니보주(摩尼寶珠)50)가 빛을 내고 있었다. 지엄은 의상의 출현을 대단한 일로 여겨 특별한 예를 갖추어 제자로 삼았다.

48) 당항성 경기도 화성시 서신면 상안리 구봉산에 있는 삼국시대의 산성. 그 아래 남양만에 당항포가 있었던 것으로 추정된다. 신라의 대표적인 대당 무역 항구였다.

49) 화엄종 『화엄경』을 근본 경전으로 하는 불교의 한 종파. 중국 당나라 때 만들어져, 천태종과 함께 중국 불교의 쌍벽을 이뤘다.

50) 마니보주 용의 뇌에서 나왔다고 하는 구슬.

의상은 지엄의 문하에서 화엄학 위주로 10여 년을 공부한 후에 671년(문무왕 11년) 귀국하여 신라 땅에 화엄종을 전파했다.

　원효가 불교 관련 책을 많이 쓴 데 비하여 의상은 저술서가 거의 없다. 60권에 달하는 방대한 『화엄경』의 내용을 210자의 짧은 시로 정리한 『화엄일승법계도』만 남겼을 뿐이다.

　이런 의상이 원효와 버금되게 추앙되는 이유는 신라에서 가장 유행한 화엄종의 대가였기 때문이다. 의상이 귀국한 후에 퍼트린 화엄종은 왕실의 적극적인 후원을 받아 크게 융성했다. 그 이유는? "하나가 곧 많음이요, 많음이 곧 하나이다."라는 일즉다 다즉일(一卽多 多卽一)의 원융사상(圓融思想)이 '백성은 왕에게 충성해야 한다.'는 논리를 제공하여 현실적으로 왕권 강화에 큰 도움을 주었기 때문이다.

　한편 의상은 귀족 출신인데도 인간의 평등을 강조했다. 그의 제자 중 지통(智通)은 노비 출신이었으며, 진정(眞定)은 평민이었다. 또한 그는 문무왕이 많은 토지와 노비를 주려고 할 때 "우리의 율법은 평등합니다. 그러므로 저에게는 노비가 필요 없습니다."라고 단호히 거절했다. 그는 자신의 교단을 걸식을 통해 유지했고, 포교 과정에서 일반 백성들과 매우 친밀한 관계를 형성하였다.

또한 그는 제자 양성과 사찰 건립에도 최선을 다했다. 그의 문하에서 많은 제자들이 배출되었으며, 그들이 전국 각지에 화엄종을 공부하는 사찰을 세워 융성시켰다. 부석사, 해인사, 화엄사, 범어사 등이 의상과 그의 제자들에 의해 만들어져 지금까지 번창하고 있는 사찰들이다.

통일신라시대에 신라 불교를 이끈 쌍두마차 원효와 의상은 여러 면에서 차이가 났다. 8살 연상인 원효는 설씨로 육두품 출신이었던 반면에, 의상은 김씨이고 진골 출신이었다. 성격도 달랐다. 원효는 요석공주에게 자신이 먼저 접근하여 사랑을 구애할 정도로 자유분방했고 직관력과 통찰력이 뛰어났다. 이와 달리 의상은 온화하면서도 자기 자신에게 매우 엄격하여 계율을 철저히 지킨 원칙주의자였고, 한번 실행하려고 마음먹은 일은 최선을 다하는 노력파였다. 또한 원효는 불교 사상에 조예가 깊어 방대한 책을 남긴 대저술가이자 사상가였지만, 의상은 『화엄일승법계도』 이외에는 이렇다 할 저술서가 없다. 대신 그는 화엄종의 포교에 주력하여 큰 성공을 거두었다.

이처럼 두 사람은 성격도 살아온 과정도 크게 달랐지만, 피를 나눈 형제처럼 서로를 아꼈다. 두 사람 모두 상대의 진면목을 알아보는 눈을 가지고 있었기 때문에 가능한 일이었다. 이들 덕분에 8세기에 신라 불교는 크게 융성할 수 있었다.

역사 그루터기

중국 여인 선묘가 용이 된 까닭

통일신라시대의 대승려인 의상 대사에게는 명성에 걸맞게 여러 설화들이 따라다닌다. 그와 연관된 설화 가운데 가장 유명한 것이 중국 유학길에 만난 선묘 낭자와의 이루어질 수 없는 사랑 이야기이다.

원효와 작별을 하고 홀로 당나라 유학을 떠난 의상이 중국에 당도하여 처음 머무른 집은 산동(山東) 반도에 있는 등주 군수의 집이었다. 이 집에는 선묘라는 아름다운 처녀가 있었는데, 선묘는 의상을 처음 본 순간 10만 볼트의 사랑 전류가 짜릿하게 흐르는 경험을 했다. 그 후 선묘의 마음엔 오직 의상뿐이었다. 그러나 어쩔 것인가? 의상은 승려였고, 공부를 하기 위해 중국에 온 유학생이었다. 의상은 선묘를 떠나 화엄학의 대가 지엄의 문하로 가서 10년 동안 공부에만 열중했다. 강산도 변한다는 10년의 세월. 의상에게는 화엄학에 몰두한 구도의 시간이었지만, 안타깝게도 선묘에게는 의상만을 그리워한 상념의 시간이었다.

의상이 공부를 마치고 귀국길에 올라 다시 선묘의 집에 들렀다. 이때 선묘는 잠시 집을 비웠는데, 의상이 집에 들렀다가 귀국선을 타기 위해 항구로 갔다는 소식을 뒤늦게 접했다. 급히 항구로 달음질쳤지만 의상이 탄 배는 저 멀리 수평선 위로 사라진 뒤였다. 크게 낙담한 선묘 낭자는 의상을 보호하는 용이 될 거라며 자신의 몸을 바다에 던져 버렸다. 아니나 다를까 선묘의 넋은 용으로 변하여 귀국하는 의상을 거센 파도로부터 지켜 주었다.

신라 땅에 들어온 의상은 화엄종을 전파하기에 좋은 절터를 찾아 전국의 이곳저곳을 돌아다녔다. 어느 날이었다. 영주 땅에 이르러 불법을 널리 펼칠 만한 명당자리를 찾아냈다. 그런데 문제가 있었다. 그곳에는 도적들이 무리지어 살고 있었다. 의상이 고민하고 있던 순간, 용이 된 선묘가 큰 바위 하나를 공중에 띄워 놓고 도적 무리들을 위협했다. 선묘의 기적에 놀란 무리들은 겁을 집어먹고 뿔뿔이 흩어졌다. 의상 대사는 선묘의 도움으로 그곳에 무사히

부석사의 선묘각(좌)과 선묘 낭자 초상(우)

역사 그루터기

절을 지을 수 있었다.

절 이름을 '뜰 부(浮)'에 '돌 석(石)'을 써서 부석사라 했다. 현재 부석사에 가면, 선묘 낭자가 공중에서 묘기를 부렸던 뜬돌(부석)이 무량수전 서편에 보존되어 있다. 절에는 선묘정이라는 우물도 있고, 선묘 낭자를 모신 선묘각도 있다. 한편 이 이야기는 일본에도 전해져 일본의 고산사에는 선묘 낭자가 수호신으로 모셔져 있기도 하다.

부석사 경내에 있는 부석(뜬돌)

5 천 년의 미소, 천 년의 향기

불국사와 석굴암 창건 설화

신라 32대 효소왕 때의 일이다. 이 시기는 신라 전 역사에서 최전성기 시절로, 경주에만 18만 호가 있었던 태평성대였다. 그러나 아무리 풍요로운 시절이라 해도 가난한 사람은 있는 법이다. 모량리에 사는 경조네 집이 그러했다. 워낙 가난하여 끼니 걱정을 하지 않는 날이 없었을 정도였다.

경조에게 아들이 하나 있었다. 머리가 크고 흡사 모양이 성처럼 생겨서 사람들이 대성(大城)이라 불렀다. 경조와 대성은 부자인 복안의 집에서 품을 팔아 근근이 먹고살았다. 경조가 착실하게 일하는 모습을 보고 주인이 그녀에게 손바닥만 한 밭을 주어 생계에 보탬이 되도록 했다.

대성의 나이 열아홉이 되던 해의 어느 날이었다. 흥륜사의 점개 스님이 복안의 집에 시주를 권하러 왔다. 복안이 비단 50필을 부처님 앞에 바치니, 스님은 "신도님께서 보시하기를 좋아하시니 부처님께서 항상 지켜 주실 것입니다. 하나를 보시하면 만 배를 얻게 되니 오늘의 이 공덕으로 오래오래 만복을 누리며 사실 것입니다." 하고 덕담을 했다.

마당에서 일을 하다가 주인과 스님이 하는 이야기를 주워들은 대성은 얼른 어머니에게 달려갔다.

"우리가 이렇게 어렵게 사는 것은 전생에 덕을 쌓지 못해서이니 지금 보시를 하지 않으면 죽어서도 가난할 겁니다."

대성은 어머니에게 주인이 준 밭을 부처님을 위하여 쓰자고 말했다.

만약 장콩 선생의 아들이 콩 선생에게 이런 말을 했다면 어땠을까.

"지금 먹고살 것도 없는데, 뭔! 보시여?" 하면서 아들 녀석의 머리통을 한 대 쥐어박았을 것이다. 그러나 대성의 어머니는 달랐다. 아들의 말이 옳다고 여겨 전 재산인 밭을 스님을 통해 부처님에게 바쳤다.

그 후 몇 달이 지났다. 건강하던 대성이가 급작스럽게 죽었다.

그런데 이게 무슨 영문이란 말인가? TV 프로그램인 〈순간포착 세상에 이런 일이〉에나 나올 법한 기적이 일어났다. 대성의 숨이 넘어가던 바로 그 시각에 신라에서 내로라하던 권력자인 김문량의 집에 하늘에서 외치는 소리가 들려왔다.

"모량리 대성이를 너희 집에 맡기노라."

깜짝 놀란 문량이 급히 사람을 모량리로 보냈다. 아니나 다를까 김대성이 죽었는데, 하늘에서 소리가 들렸던 시간과 같았다. 그 후 문량의 부인이 임신하여 금쪽같은 아들을 낳았다.

아이는 왼손을 꼭 쥔 채로 태어났다. 모두 궁금해하며 아기의 손이 펴질 날만 기다렸다. 태어난 지 7일 만에 아이가 손을 폈는데, 손 안에 '대성'이라는 두 글자가 또렷이 새겨져 있었다. 부처님에게 전 재산을 시주한 공덕으로 문량의 집에 다시 태어났음을 만천하에 알린 '인증샷'이 아니겠는가.

크게 대성할 아이라 생각한 문량은 아들의 이름을 그대로 '대성'이라 하였고, 전생의 어머니인 경조를 집으로 데려와 아들과 함께 살게 했다. 좋은 일을 하면 복을 받는다는 것은 만고 불변의 진리다. 대성이처럼 잘되고 싶으면, 지금부터라도 좋은 일을 많이 하여라. 봉사 활동도 열심히, 어려운 사람에게 도움이 되는 일도 열심히. 그러면 필히 복을 받을 것이다.

대성은 아버지의 기대대로 사냥과 공부에 뛰어난 '엄친아'로 성장했다. 어느 날이었다. 토함산에 올라가 큰 곰 한 마리를 잡았다. 그런데 곰과 실랑이를 하느라고 해가 서산으로 떨어져 산 밑 마을에서 하룻밤을 묵게 되었다. 몸이 피곤하여 정신없이 잠이 들었는데, 꿈속에 곰이 나타나 대성이를 덮쳤다. 소스라치게 놀란 대성은 부들부들 떨며 살려 달라고 소리쳤다.

"살려 주십시오."

곰이 말했다.

"어찌하여 너는 죄 없는 나를 죽였느냐? 내가 다시 곰으로 태어나 이번에는 너를 잡아먹겠다."

두려움을 모르던 대성이었지만, 간이 콩알만 해져서 용서를 빌었다.

"안 그러겠습니다. 용서해 주십시오. 다시는 살아 있는 목숨을 죽이지 않겠나이다."

"그렇다면 내가 원하는 것을 해 주겠느냐?"

"예, 말씀만 하십시오. 뭐든지 다 하겠습니다."

"나를 위하여 절을 짓고 부처님께 극락왕생을 빌어 줄 수 있겠느냐?"

"예, 그렇게 하겠나이다."

대성은 손이 발이 되게 빌고 나서야 겨우 꿈에서 깨어났다. 얼마나 지독한 악몽이었던지 이부자리를 살펴보니 땀으로 흥건히 젖어 있었다. 사냥을 좋아하여 날마다 산으로 들로 쏘다녔던 대성이지만, 이 일을 계기로 크게 깨달은 바가 있었다. 그는 날이 밝자마자 사냥한 곰을 땅에 묻어 주고 극락왕생을 염원하며 절을 지어 주었다. 절 이름은 웅수사(熊壽寺)라 했다.

그 후 대성의 효성과 불심은 날로 깊어져서 부모님 은혜를 보답하고자 현생의 부모를 위해서는 불국사를, 전생의 부모를 위해서는 석불사(지금의 석굴암)를 짓기 시작했다.

그의 불사는 24년간 계속되었다. 하지만 안타깝게도 그는 공사를 끝마치지 못하고 75세의 나이로 세상을 떠났다. 신라 제36대 혜공왕 10년(774) 12월 2일이었다. 김대성이 못다 지은 절들은 이후 국가가 나서서 완성하였다. 이것이 오늘날 세계문화유산으로 등재되어 지구촌 사람들의 감탄을 자아내는 불국사와 석굴암이다.

천 년의 향기, 불국사를 만나다

 불국사 이야기가 나왔으니, 절 구경을 하지 않을 수 없다. 장콩 선생이 덤으로 주는 맛보기라 생각하고 머릿속에 불국사를 그리며 부처님의 세계로 여행을 떠나 보자.

 불국사에 가면 국보 제23호인 청운교와 백운교가 우리를 반긴다. 이 다리는 대웅전으로 오르는 계단 겸 다리이다. 아래 계단이 청운교, 위 계단이 백운교이다. 청운교 밑으로 무지개 모양을 한 홍예문이 자기도 보아 달라며 자태를 뽐내고 있다.

불국사 전경

지금은 없지만, 원래는 다리 아래에 연못이 있었다고 한다.

푸른 구름(청운교)과 흰 구름(백운교)을 딛고 올라서면 대웅전의 정문인 자하문을 만난다. 자하(紫霞)는 '붉은 노을'이다. 부처를 향한 마음이 가득했던 신라 사람들은 이 문을 지나 부처님에게 절을 했다. 그러나 지금은 출입이 금지되어 눈요기만 할 수 있을 뿐이다.

살며시 문을 열고 들어서면 대웅전 앞뜰이다. 아사달과

아사녀의 슬픈 사랑 이야기를 간직하고 있는 석가탑과 화려한 여인네의 자태를 지닌 다보탑이 반겨 맞는다. 탑 사이를 지나면 대웅전이다. 지그시 눈을 감은 황금 부처님이 반겨 맞는다. 대웅전은 현재 세상을 관장하는 부처인 석가모니불을 모신 곳이다.

대웅전의 서편에는 극락전이 있다. 극락전에 들기 위해서는 연화교와 칠보교를 건너야 한다. 연화교의 계단 돌에는 연꽃이 새겨져 있다. 흙탕물 속에서도 파릇하게 피는 연꽃처럼 속세의 찌든 때를 씻어 버리고 청정한 마음으로 들어서라는 의미이다. 칠보교 위에 올라서니 안양문이다. 살포시 문을 열고 들어서면 극락전 앞뜰이 나온다. 가운데에 석등이 하나 있고 석등 앞에 배례석이 놓여 있다. 배례석은 향로를 얹고 향을 피우던 받침대이다. 옛날에는 극락전에 들어가지 못한 사람들이 이곳에서 오체투지[51]를 했다고도 한다. 오체투지는 자신을 무한히 낮추면서 상대방에게 최대의 존경을 표시하는 절이다.

오체투지를 설명하다 보니 새만금 갯벌을 살리기 위해 세

51) **오체투지** 이마, 양 팔꿈치, 양 무릎을 합하여 오체라 하고, 오체가 전부 땅에 닿은 상태로 하는 절을 오체투지라 한다.

걸음 걷고 한 번 절하는 삼보일배를 전북 부안에서 서울까지 실천했던 수경 스님과 문규현 신부님이 생각난다. 인간의 이기심과 탐욕 때문에 상처 입고 신음하는 뭇 생명들의 해방을 위해 가시밭길을 자초한 것이리라.

석등 전면에 극락전이 함초롬하게 서 있다. 임진왜란 이후에 새로 짓고 여러 번 보수한 건물이지만, 안에 모신 아미타불은 신라시대에 만들어졌다. 국보 제27호. 천 년의 세월 속에서도 예전 그대로의 모습으로 앉아 계신다.

안양문과 자하문 사이에는 범영루가 하늘 높이 솟아 있다. 원래 이 종각의 이름은 수미범종각(須彌梵鐘閣)으로 수미산을 본떠 만들었다고 한다. 그러나 종각은 임진왜란 때 불타 버렸고 1973년에 복원하여 지금에 이르고 있다.

종각 아래를 떠받치고 있는 돌기둥은 신라 때 것이다. 8개의 각기 다른 돌을 동서남북 네 방향으로 조립하면서 밑부분은 넓게 하고 중간은 가늘고 좁게 하였다가 윗부분에 이르러서는

 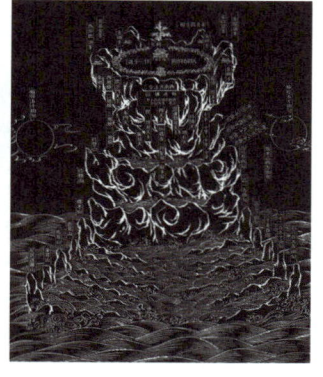

범영루의 돌기둥(좌)과
수미산도(우) 비교

다시 넓게 한 기술이 특이한 미감을 자아낸다. 이러한 독특한
형태는 수미산[52] 형상을 본떠 만든 것이다.

52) **수미산** 불교의 세계관에서 세계의 중앙에 있다는 상상의 산.

　우리 미의 아름다움을 간결하면서도 고졸하게 표현했던 혜곡 최순우 선생은 범영루 아래의 돌기둥을 가리켜 "우람스럽게 큰 기둥이 의좋게 짜여서 이 세상 태초의 숨소리들과 하모니를 아낌없이 들려준다. 이 세계에 나라도 많고 민족도 많지만 누가 원형 그대로의 지지리도 못생긴 (잘생긴) 돌들을 이렇게도 멋지게 다루고 쌓을 수 있었을 것인가."라고 하여 신라 석공들의 돌 다루는 솜씨를 극구 찬양했다.

　절은 깨우침을 얻으려는 자들의 수행 장소이기 때문에 절에 있는 모든 조형물은 나름대로의 상징성을 가지고 있다. 지금은 관광 명소가 되고 말았지만, 불국사 역시 신라시대부터 줄곧 장엄한 부처의 세계를 중생들에게 보여 주는 신성한 장소였기에 각종 상징들로 가득 차 있다.

우리 시대의 대표적인 전통문화 전도사 유홍준 선생은 『나의 문화유산 답사기』 머리말에서 "인간은 아는 만큼 느끼고, 느낀 만큼 보인다."라고 하면서, 조선시대의 문인 유한준의 글을 축약하여 "사랑하면 알게 되고, 알면 보이나니, 그때 보이는 것은 전과 같지 않으리라."라고 하였다.

불국사 기행 또한 마찬가지이다. 김대성이 신라 땅 안에 부처의 세계를 구현하기 위해 만든 절이니만큼, 관심을 갖고 조형물 하나하나를 음미해 보면 전통문화의 향기가 솔솔 풍겨 나온다.

사람들에게 경주를 여행한 소감을 물어보면 흔히 "거, 생각보다 볼 것 없데." 하고 만다. 그러나 경주는 신라 천 년의 숨결을 오롯이 간직한 도시이기에 사랑하면 알게 되고 알면 보인다. 또한 그때 보이는 것은 전과 절대 같지 않다.

경주를 방문하면 애정 어린 눈길로 문화재들을 찬찬히 살펴볼 일이다. 그래야 천 년 고도 경주의 진면목을 살필 수 있다. 장콩 선생이 경험을 바탕으로 하는 말이니, 붉은색 펜으로 밑줄 쫙 긋고 명심할지어다.

역사 그루터기

석가탑은 그림자가 없다는데

우리나라 사실주의 문학의 개척자라고 할 수 있는 빙허 현진건 선생의 대표작으로「무영탑(無影塔)」이 있다. 우리말로 풀어 쓰면 '그림자 없는 탑'이다. 소설의 내용은 불국사에 있는 석가탑을 만든 석수장이 아사달과 아내인 아사녀의 애달픈 사랑이다. 그런데 빙허 선생은 제목을 왜 '무영탑'이라고 했을까? 그 이유를 알기 위해 석가탑에 얽힌 설화 속으로 들어가 보자.

김대성이 불국사를 창건하면서 대웅전 앞마당에 세울 석가탑과 다보탑을 만들기 위해 당시 탑 만드는 기술이 가장 뛰어나다고 소문난 백제의 석공 아사달을 초빙하였다. 아사달은 불국토의 이상을 실현하기 위해 동분서주하고 있던 김대성의 간곡한 부탁에 못 이겨 사랑하는 아내를 고향에 남겨 둔 채 경주로 왔다.

그는 온 정성을 다해 탑 쌓기에 전념하였다. 한 해가 지나고 두 해가 흘렀다.

남편의 일이 하루빨리 성취되어 기쁘게 만날 날만 고대하며 그리움을 달래던 아사녀는 아사달이 너무 오랫동안 오지 않자 기다리다 못해 남편을 찾아 경주 땅으로 왔다. 그러나 탑이 완성되기 전까지는 여자를 들일 수 없다는 금기 때문에 불국사 스님들은 아사녀와 아사달의 상봉을 허락하지 않았다. 천 리 길을 달려온 아사녀는 포기하지 않고 날마다 불국사 앞을 서성거렸다. 이를 보다 못한 한 스님이 꾀를 내어 말을 했다.

"여기서 얼마 떨어지지 않은 곳에 자그마한 연못이 있소. 탑 공사가 끝나면 탑의 그림자가 연못에 비칠 것이오. 그러면 남편도 볼 수 있을 것이오."

이 말을 들은 아사녀는 연못으로 달려가 탑의 그림자가 비치기만을 기다렸다. 그러나 하루가 지나고, 이틀이 지나고, 한 달이 지나도 그림자는 나타나지 않았다. 아사녀는 기다림에 지쳐 남편의 이름을 애절하게 부르며 연못에 몸을 던지고 말았다. 아사달이 탑을 완성한 후에 연못으로 달려갔지만, 아사녀의 예쁜 얼굴은 그 어디에도 없었다. 아내를 찾아 이곳저곳을 헤매고 있는데, 아사녀의 모습이 앞산의 바윗돌에 홀연히 나타났다. 인자한 부처님의 모습과 똑같았다.

아사달은 연장을 꺼내 들고 그 바위에 아사녀의 모습을 새겼다. 그러고는 어디론가 사라져 버렸다. 시일이 지나 사람들은 아사녀가 빠진 연못을 '영지(影池)'라 불렀으며, 끝내 그림자를 비추지 않은 석가탑을 '무영탑'이라 하였다.

클릭! 석굴암

신라 천 년의 미소

　　토함산에 올랐어라 해를 안고 앉았어라
　　가슴속에 품었어라 세월도 아픔도 품어 버렸어라

　　터져 부서질 듯 미소 짓는 님의 얼굴에도
　　천 년의 풍파세월 담겼어라

바람 속에 실렸어라 흙이 되어 남았어라

님들의 하신 양 가슴속에 사무쳐서 좋았어라

한 발 두 발 걸어서 올라라 맨발로 땀 흘려 올라라

그 몸뚱이 하나 발바닥 둘을 천 년의 두께로 떠받쳐라

산산이 가루져 공중에 흩어진 아침 그 빛을 기다려

하늘을 우러러 미소로 웃는 돌이 되거라

힘차게 뻗었어라 하늘 향해 벌렸어라

팔을 든 채 이대로 또 다시 천 년을 더하겠어라

세월이 흐른 뒤 다시 찾는 님 하나 있어

천 년 더한 이 가슴을 딛고 서게

한 발 두 발 걸어서 올라라 맨발로 땀 흘려 올라라

그 몸뚱이 하나 발바닥 둘을 천 년의 두께로 떠받쳐라

산산이 가루져 공중에 흩어진 아침 그 빛을 기다려

하늘을 우러러 미소로 웃는 돌이 되거라

가창력에 관한 한 둘째가라면 서러울 송창식의 〈토함산〉이다. 유행가 가사라고 하기에는 참으로 시적이어서 조용히 눈을 감고 음미하면 토함산에 있는 석굴암 부처님의 환한 미소가 눈앞에 어른거린다.

송창식이 누구냐고? 1970년대 우리나라 가요계를 한 손에 쥐고 흔든 불세출(不世出)의 명가수이다. '에이, 콩 선생 무슨 뻥을 그렇게나?'라고 생각한다면, 지금 즉시 인터넷으로 '송창식'을 검색해 봐라. 콩 선생 말이 참말임을 알 수 있을 것이다. 물론 워낙 콩 선생이 좋아하는 가수라 아주 조금 과장은 했다. '불세출'까지는 아닐 수 있으니까. 그렇다 하더라도 노래 하나는 끝내주게 불렀던 가수인 것만은 분명하다.

신라 재상 김대성이 전생의 부모를 위해 만들기 시작한 석굴암은 가운데 모셔진 부처님을 중심으로 완벽한 조화의 세계를 구축하여 무려 1200년을 지내 왔다. 현재는 석굴암이라 부르지만 본래 이름은 석불사였다. 또한 지금은 석굴 앞쪽에 나무로 만든 집이 있어서 그곳에서 유리창을 통해 내부를 살필 수밖에 없으나, 1960년대까지만 해도 나무 집은 없었으며, 직접 석굴 안에 들어가서 부처님과 대화를 나눌 수 있었다.

그렇다면 석불사가 석굴암으로 이름이 변한 이유는 뭘까? 나무 집은 왜 필요했을까?

여기에는 기가 막힌 사연이 있다. 지금부터 콩 선생과 함께 석굴암의 내부 구조를 공부하면서 나무 집이 만들어진 배경을 추적해 보자.

세계 유일의 인공 석굴

석굴암과 같은 석굴 사원은 인도에서 기원전부터 만들어지기 시작하여 중국을 거쳐 우리 땅에 전래되었다. 그러나 인도나 중국의 석굴 사원은 대부분 바위를 뚫어 만드는 방식이었지, 석굴암처럼 인공 석굴을 정성껏 만들어 부처님을 모시는 방식은 아니었다. 물론 신라의 김대성이 인공으로 석굴을 만든 데는 피치 못할 이유가 있었다.

중국의 돈황 석굴을 가 본 사람이라면 쉽게 맞힐 수 있는 질문을 하나 하겠다.
인도의 아잔타 석굴이나 중국의 돈황 석굴, 윈강 석굴이 있는 곳의 지질 구조는?
답은 '사암', 영어로 'sandstone'이다.

장콩 선생은 영어가 나오면 "오매! 기죽어." 한다. 하지만 요즘 청소년들은 한자보다 영어에 익숙하니, 영어로 쓰면 바로 이해할 것이다. 그래도 이해가 안 된 사람이 있을지 모르니, 우리말로 풀어 보자. 모래가 쌓이고 쌓여 만들어진 바위가 '사암'이다.

질문 하나를 더 하겠다.

사암을 뚫어 부처를 모실 사원을 만든 이유는?

뻔할 뻔 자다. 나무나 돌을 이용하여 절을 세우기보다는 굴을 파고 그곳에 부처를 모시는 게 더 쉬웠기 때문이다. 또 돈황

석굴에서 알 수 있듯이 그곳은 모래사막 지대여서 굴을 파고 사는 것이 여러모로 편했다. 기후와 지형이 사람들의 주거 문화에 끼치는 영향은 생각보다 크다.

그럼 신라 사람들은 왜 인도나 중국처럼 굴을 파지 않고 구태여 인공 석굴을 만들었을까? 여기에 대한 답도 역시 지질 구조에서 찾을 수 있다.

우리나라 땅은 화강암 위주로 되어 있다. 이 돌은 무척 단단해서 사암처럼 쉽게 굴을 뚫을 수 없다. 뚫기 힘들면 만들어라. 간단하지 않은가? 김대성은 인도나 중국의 석굴처럼 굴 안에 부처님을 모시기로 작정했지만, 화강암 산에 굴을 뚫기가 힘들어 인공 석굴을 만들고 그 안을 장엄한 부처의 세계로 꾸민 것이다. 세계적으로 전무후무한 인공 석굴의 탄생이었다.

김대성은 석굴을 만들고 중앙에 부처님을 떡하니 안치한 후 절 이름을 '석불사'라 하였다. 아니 신라 정부라고 해야 맞겠

다. 김대성의 발원으로 석굴사 공사가 시작되었으나 그는 완성을 보지 못한 채 죽고, 신라 정부가 완성했기 때문이다. 어쨌든 애초의 절 이름은 '석불사'였다.

석불사에서 석굴암으로

그렇다면 '석불사'는 언제부터 '석굴암'이 되어 오늘에 이르고 있을까?

그 시기는 명확하지 않다. 다만 조선 초기에 작성된 기록에는 석불사가 보이나, 17세기 이후 기록부터는 '석굴암'으로 쓰여 있다. 이로 보아 임진왜란 전후에 '석굴암'이라는 새로운 이름을 얻은 것으로 추정할 수 있다.

'사(寺)'가 '암(庵)'으로 바뀐 것은 독자 경영을 했던 절이 다른 절에 예속된 암자가 되었음을 의미한다. 임진왜란 때 불국사 자체가 크게 훼손되었으므로 석굴암 또한 큰 피해를 입었을 것이고, 그 와중에 석굴사는 불국사의 암자로 축소되었을 것이다.

석굴암의 내부는 사각형의 앞방(전실)과 부처님(본존불)이 앉아 있는 원형의 뒷방(주실)으로 이루어져 있다. 벽면을 구성하는 돌은 모두 29개로 폭 1.2미터 높이 2.7미터의 거대한 돌판으로 구성되어 있다. 거대한 돌을 자르고 깎아 배치했는데도 10미터에 1센티미터 이내의 오차만 발생할 정도로 정교하다.

돌판에는 여러 불상들이 돋을새김(양각)으로 새겨져 있다. 두드러진 특징은 좌우가 대칭 구조를 이루고 있다는 점인데, 이는 조화미, 정제미를 자랑하는 신라 중대 예술품에 공통적으로 나타나는 특징 중 하나이다. 이러한 대칭 구조는 석굴의 안정감을 강조하는 데 큰 역할을 하고 있다.

부처님에게 절을 하고 공양을 드리기 위한 장소로 만든 앞방에는 불법을 수호하는 신인 팔부신중이 좌우로 4구씩 서 있고, 수문장인 근육질의 인왕상(금강역사상)이 "너! 나쁜 짓을 하면 지옥 간다."라고 말하듯이 얼굴에 힘을 잔뜩 주고 서 있다.

전실과 부처님이 앉아 계신 주실을 잇는 통로에는 수미산 꼭대기에 살면서 동서남북 각 방위를 지키는 사천왕이 자리 잡고 있다. 지국천왕, 광목천왕, 증장천왕, 다문천왕이 바로 그들이다.

주실 입구에는 좌우로 8각 석주를 세웠다. 부처님은 원형 주실의 정중앙에서 약간 뒤쪽에 결가부좌를 한 채 앉아 계신다. 우리가 석굴암 본존불이라 부르는 부처님이다. 항마촉지인의 손 자세를 한 부처님이 매혹적인 미소로 "너! 왔구나." 하시듯 반겨 준다.

가늘게 치켜뜬 눈, 온화한 눈썹, 미간에 서려 있는 슬기로 움, 금방이라도 말을 할 것 같은 두툼한 입과 우뚝 솟은 콧날, 길게 늘어뜨린 귀를 가진 분이다.

여기서 잠깐. 본존불의 손 모양인 '항마촉지인(降魔觸地印)'에 대해 얘기해 보자. 석가모니가 인도 부다가야의 보리수나무 아래서 깨달음을 얻을 때 마귀들이 나타나 "금강대좌에 앉을 자격이 없는 자!"라고 말하며 방해했다. 그러자 석가모니는 "천상천하에 이 보좌에 앉을 사람은 나 하나뿐이다."라고 단언하며 땅의 신에게 이를 증명해 보이라고 명령했다. 그때 지었던 손의 모습을 그대로 옮겨 놓은 것이 '항마촉지인'이다. 우리말로 풀어 쓰면, '마귀를 항복시키기 위해 땅을 가리키고 있는 손 모양'이라고 할 수 있다. 불교에서는 손 모양에 따라 부처의 이름을 달리 붙인다.

항마촉지인

석굴암 본존불이 앉은 방향은 정확히 동남 30°이다. 동짓날 해가 뜨는 방향과 일치한다. 이 방향은 일

년 중 햇빛을 가장 많이 받는다. 동해에서 해가 떠오르면 곧장 부처의 이마를 비추어 석실 전체가 환하게 밝아지며 장엄한 부처의 세계가 펼쳐진다.

조각을 전공한 김익수는 본존불의 크기로 보았을 때 석굴을 조성한 김대성의 키는 170센티미터였다고 주장한다. 조각가의 입장에서 본존불을 실측하면 사람의 눈높이가 160센티미터일 때 부처님의 머리는 뒤편 벽에 붙어 있는 광배의 정 가운데 놓인다. 160센티미터의 눈높이를 가지려면 키가 172센티미터가 되어야 하고 이때 신발의 높이 2센티미터 정도를 빼면 키가 170센티미터인 사람이 석굴을 만들었다는 것이다. 매우 재미있는 발상에 근거한 색다른 주장이다.

주실의 벽에는 입구에서부터 좌우에 차례대로 천부상 하나, 보살상 하나, 10대 제자상 다섯 그리고 본존불 바로 뒤에 십일면 관세음보살이 부착되어 있다. 관세음보살상 위로는 부처의 몸에서 발산하는 빛을 표현한 광배가 붙어 있으며, 광배 양

옆으로 빙 둘러 석실 전체에 10개의 반원형 감실이 있다.

　　감실 안에는 보살들이 안치되어 있는데, 현재는 여덟 보살이 놓여 있다. 석굴암 조성 당시부터 여덟 개였다고 주장하는 학자도 있고, 본래는 열 개였는데 두 개가 분실되었다고 추정하는 학자도 있다.

　　주실의 천장은 360여 개의 돌판을 돔형으로 쌓은 궁륭천장이다. 접착제도 없이 돌판과 돌판을 '팔뚝돌'이라 이름 붙인, 주먹을 쥔 팔뚝 모양의 돌에 지탱시켜 반원 모양의 돔을 완벽하게 만들어 냈다. 세계 건축사에서도 유례가 없을 정도로 정교한 기법이다.

　　천장의 정중앙에는 20톤 무게의 원형 덮개돌이 덮여 있는데, 아름다운 이중 연꽃으로 조각되어 있다. 돌에는 긴 금이 가 있다. 석굴을 만들 당시에 이미 생긴 것이라고 한다. 그러고 보면 석굴암 천장의 중앙돌은 무려 천여 년을 조각난 채 지금껏 버티고 있는 것이다. 기적과도 같은 일이 아닐 수 없다.

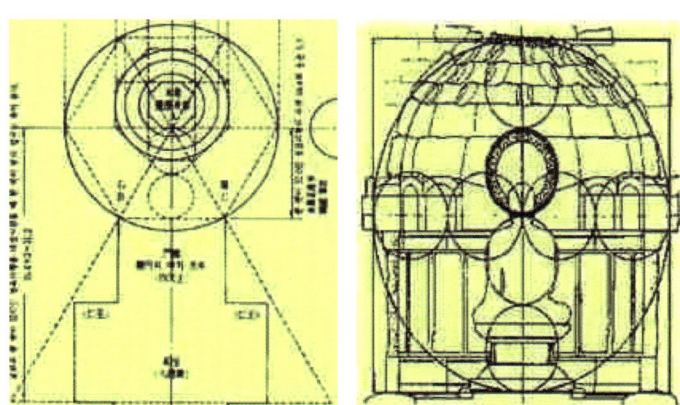
석굴암 본존불(상)과 기하학적으로 구성된 석굴암 배치도(하)

중병에 걸린 석굴암

석굴암은 본래 개방된 구조였다고 한다. 그런데 현재는 석굴 앞에 나무로 만든 집이 들어서 있고, 석굴 내부를 보존해야 한다는 명분으로 석굴로 들어가는 입구를 유리막으로 차단해 놨다.

왜! 꼭 이래야만 할까?

만들어진 그대로 보존하는 것이 가장 현명하게 오랫동안 문화재를 보존하는 방법일 텐데, 잡다한 시설을 지어 인위적으로 보존하는 것은 뭔가 문제가 있기 때문일 것이다.

불국사와 함께 유네스코 세계문화유산으로 지정(1995년)되어 세계적으로 보호받는 우리의 자랑스러운 문화재이니만큼, 석굴암의 현재 모습을 이야기하는 것도 의미 있는 일이라 생각한다.

한마디로 말해서 석굴암은 지금 말기 암 환자나 다름없다. 천 년을 잔병 하나 없이 잘 견뎌 왔던 석굴암이 일제강점기 이후 중병에 걸려 버린 것이다.

석굴암은 18세기까지만 하더라도 불국사에 딸린 암자로서 승려들의 수행 장소였다. 그러나 어느 때부턴가 승려들이 살지 않게 되었고, 깊은 산속에 버려진 채 폐허로 변해 갔다. 그러다가 세상에 다시 알려진 것은 1907년이었다. 이때는 조선이라는 나라가 있었지만, 외세의 침략으로 숨이 곧 끊어질 지경이었는데, 경주의 한 우체부가 우연히 발견하여 일본인들 사이에 먼저 알려졌다. 하지만 이때는 이미 돔형 천장의 앞쪽 3분의 1 정도가 파괴되어 구멍이 뻥 뚫린 상태였다.

이러한 붕괴 직전의 석굴암에 보수를 명목으로 타격을 가한 것은 조선 총독부였다. 1913년 총독부는 일본의 기술 수준과 문화재 보호 의식을 식민지 백성들에게 과시하기 위한 수단으로 당시로서는 최첨단 재료인 시멘트를 사용하여 석굴 전체를 2미터 두께의 콘크리트로 덮어 버렸다. 마치 기차 터널처럼 만들어 버린 것이다. 그런데 문제는 여기에서 발생했다. 그 후 석굴암 내부에 공기가 흐르지 않아 돌 표면에 이슬이 맺히는 결로(結露) 현상이 발생했다. 당연히 석굴암 내의 불상에는 푸른 이끼가 끼고 풍화작용으로 돌도 쉽게 바스라졌다.

일제가 문화재를 보수한다면서 시멘트를 발라 망쳐 버린 곳이 석굴암만은 아니다. 현재 전하는 것 중 우리나라에서 가장 오래된 탑인 전라북도 익산에 있는 미륵사지 석탑도 무너짐을 방지한다는 명목으로 탑의 절반 정도를 시멘트로 뒤덮어 버렸다. 경주의 분황사 석탑 또한 마찬가지다.

일제강점기는 우리 민족에게만 고통을 준 것이 아니다. 우리 땅, 우리 문화재에도 씻을 수 없는 상처를 많이 안겨 주었다. 다행히 미륵사지 석탑은 현재 완전 해체 작업을 진행하고 있어서 보수가 끝나면 원형에 가까운 모습을 볼 수 있을 것이다. 하지만 해체 및 보수 작업에 약 80억 원의 경비가 들고 탑이 제 모습을 찾는 데까지 짧으면 5년, 길게는 10년 정도 걸린다고 하니 보존을 잘못한 대가를 톡톡히 치르고 있는 셈이다.

목굴암, 전굴암에서 다시 석굴암으로

다시 석굴암 이야기로 돌아가자. 결로 현상과 푸른 이끼가 끼는 문제는 일제강점기 내내 해결되지 않았고, 결국 1945년 해방 이후 우리 손으로 해결책을 찾아야 했다.

1960년대부터 우리 정부는 석굴암 문제를 해결하기 위하여 다양한 시도를 했는데, 그 핵심은 빗물이 스며들지 못하도록 이중 돔을 만들고 석굴 내로 들어가는 습한 공기를 차단하는 목조 건물을 전면에 짓는 것이었다.

당시 학계에서는 목조 건물 짓는 문제를 두고 여러 의견이 있었다. 그러나 박정희 정부는 "안 되면 되게 하라."는 불굴의 의지(?)로 결국 석굴 앞에 현재와 같은 목조 건물을 만들었다. 석굴암이 이른바 '목굴암(木窟庵)'으로 변한 것이다. 하지만 목굴암이 된 이후에도 내부의 습기는 제거되지 않았고, 오히려 그 현상이 더 심해졌다. 그래서 생각해 낸 방법이 강력한 에어컨을 가동하여 석굴 내의 습기를 제거하는 방식이었고, 지금도 석굴암은 바로 옆에 붙은 기계실에서 대형 에어컨을 가동하여 내부의 습기를 제거하고 있다. 석굴암이 목굴암에서 '전굴암(電窟庵)'으로 다시 한 번 변신한 것이다.

석굴암, 목굴암, 전굴암의 변화상은 웃자고 한 얘기지만, 씁쓰레한 기분은 결코 지울 수 없다. 다시는 이런 일이 생기지 않도록 석굴암의 교훈을 기억하자.

그 교훈이 뭐냐고?

문화재는 결코 몇 사람의 짧은 생각으로 쉽게 손대서는 안 된다는 것이다. 많은 고민과 실험 속에 최선의 방법으로 보수해야만 영원한 생명력을 얻을 수 있다. 전굴암이 되어 고통을 받고 있는 석굴암. 빠른 시일 안에 최선의 해법을 찾아 영원히 살아 숨 쉬는 민족의 문화유산이 되기를 우리 모두 빌어 보자.

탑에도 국적이 있다

탑, 불멸의 부처님이 머무는 곳

일주문과 천왕문을 지나 절 마당에 들어서면 장중하게 서 있는 돌탑이 "어서 오시게나, 부처의 세계로 들어온 것을 환영하네!" 하면서 반갑게 맞이한다. 전국 어디를 가나 없는 곳이 없을 정도로 탑은 저마다 조금씩 다른 모습으로 우리나라 방방곡곡에 돛대처럼 서 있다. 또한 그렇기 때문에 탑을 보면 우리는 "아! 탑이구나." 하며 무심하게 그냥 지나친다. 하지만 "탑이 무엇이

지?"하고 구체적으로 물으면, 많은 사람들은 '꿀 먹은 벙어리'가 되고 만다. 알 것 같으면서도 구체적으로 설명할 수는 없는 탑. 탑은 무엇이며, 왜 만들었을까?

한마디로 말해서 탑은 '석가모니의 무덤'이자 부처님이 살고 있는 집이다. B.C. 5세기 후반 석가모니[53]가 돌아가시자 그의 제자들은 당시 인도의 장례 풍속에 따라 화장을 하고 부처의 몸에서 나온 사리를 거두었다. 사리(舍利)는 참된 수행을 쌓은 사람의 몸에서 나온다는 신비한 구슬이다. 불가에서는 사리가 평생 올바르게 수행을 한 결과라고 믿고 소중히 여긴다. 특별히 석가모니의 몸에서 나온 사리는 '진신사리(眞身舍利)'라 하여 살아생전의 석가모니처럼 받들어 모신다.

석가모니가 죽을 당시에 인도에는 여덟 나라가 있었다. 이들 나라는 각기 제 나라로 석가모니의 사리를 모시기 위해 서로 싸움을 했다. 이를 보다 못한 드로오나라는 승려가 중재에 나서서 사리를 여덟 나라에 공평하게 나누어 주었고, 각 나라는 자

53) 석가모니 불교를 만든 인도 사람. 본명이 고타마 싯다르타로, 석가모니, 석가, 부처, 붓다, 석존, 여래 등으로 다양하게 불린다.

기 나라 땅에 사리를 보관하는 조형물을 세웠다. 이것을 범어로 '스투파(Stupa)', 팔리어로 '투파(Thupa)'라 했는데 중국에서 이를 음역하여 '솔도파(率堵婆)' '탑파(塔婆)'라고 했다. 탑은 탑파의 줄인 말이다. 범어는 산스크리트어를 말하며, 고대 인도의 표준어였다. 팔리어는 인도 북서부 사람들이 B.C. 2세기부터 A.D. 2세기 무렵까지 사용했던 언어로 대부분의 불교 경전은 이 언어로 쓰여졌다.

모든 탑에는 부처님의 사리가 있을까?

이 정도 설명이면 탑이 왜 생겨났으며, 무엇인지 어느 정도는 알았을 것이다. 그런데 탑에 대해 대충 알고 나니 갑자기 마음속에 의심이 하나 솟구친다. 탑을 '석가모니의 무덤', 더 정확히 말해서 '진신사리를 모셔 둔 조형물'이라고 규정한다면, 우리나라에 있는 모든 탑에는 부처의 몸에서 나온 진신사리가 들어 있을까?

정답은?

"아니다."이다.

우리나라만 해도 수백 기의 탑이 있고, 지금 이 순간에도 새로운 탑이 만들어지고 있다. 또한 인도에도 있고, 중국·일본 등 불교가 전파된 지역이라면 세계 어디에나 탑이 서 있다. 수천 개가 넘는 하고많은 탑에 부처의 몸에서 나온 진신사리를 모신다는 것은 절대 불가능한 일이다.

그렇다면 진신사리가 없는 탑 안에는 무엇이 들어 있을까?
대부분의 탑에는 불교 경전이나 불가에서 사용하는 도구들을 모셔 두고 있다. 이러한 것들을 부처님을 대신하는 사리라고 해서 '법신사리(法身舍利)'라고 한다. 진신사리를 넣고 싶지만 구할 수 없는 현실 때문에 불법을 상징하는 물건을 넣어 부처님 대하듯이 숭배하는 것이다.

그렇다고 우리나라에 진신사리를 넣은 진짜 탑이 없느냐? 물론 그렇지는 않다. 경남 양산의 통도사, 강원도 오대산의 월정사, 설악산 봉정암, 태백산 정암사, 사자산 법흥사에는 부처의 진신사리를 넣은 탑이 있다. 신라의 승려 자장율사가 당나라에 유학 갔다가 귀국하면서 부처의 사리와 뼈 조각들을 가져와 이곳 다섯 사찰에 나누어 모셨다고 한다.

통도사를 흔히들 '불보사찰(佛寶寺刹)'이라고 한다. 진신사리가 이곳 절에 있기 때문이다. 통도사의 금강계단이 진신사리를 모신 조형물이다.

한편 통도사는 다른 절에 비해 건물 배치가 독특하다. 통도사 대웅전에는 불상이 없다. 왜냐? 부처의 진신사리가 있는 이상, 불상이 필요없기 때문이다. 이러한 이유로 통도사 대웅전 안에는 불상이 없이 야외에 있는 금강계단 쪽으로 부처를 모셔 놓는 긴 단만 설치되어 있다.

믿거나 말거나 한 얘기지만, 충청남도 공주시 계룡면에 있는 갑사의 천진보탑은 자연석이지만 탑이라 부르고 있다. 사연은 이러하다. 석가모니가 열반하고 400년이 흐른 뒤 불교를 융성하게 했던 아소카왕이 부처님의 진신사리를 다량으로 발견하여 여러 곳에 나누어 모셨다고 한다. 이때 계룡산에 있는 바위 밑에도 모셨는데, 600여 년이 흐른 뒤 백제의 아도화상이 이를 발견하여 이름을 '천진보탑'이라 했다고 한다. 이 전설대로라면 천진보탑은 촛대처럼 생긴 자연석이지만 부처님의 진신사리를 보관하고 있어서 진짜 '탑'이라고 할 수 있다.

그렇다면 우리나라를 대표하는 탑인 석가탑에는 무엇이 들어 있었을까? 『무구정광대다라니경』? 그래 맞다. 불교 경전 중의 하나로, 현재까지 세계에서 가장 오래된 목판 인쇄물로 인정받고 있는 우리 민족의 대표적인 문화유산인 다라니경이 들어 있다. 닥나무를 원료로 해서 만든 12장을 이어 붙인 전통 종이에, 다라니경을 정성스럽게 인쇄하여 둘둘 말아 비단 보자기에 싼 후 불교 용품과 함께 탑 안에 넣어 놨다. 즉, 석가탑에는 부처의 진신사리 대신 법신사리로 다라니 경전을 넣어 석가모니를 모시듯이 받들어 모셨던 것이다.

절에 가면 탑 이외에 사리를 넣은 조형물이 하나 더 있다.

승탑(부도)이다. 탑과 승탑의 공통점은 사리를 보관하기 위해 만들었다는 것이다. 다만 탑이 부처님의 진신사리 보관처라면, 승탑은 승려들의 사리를 보관하는 조형물이라는 점이 다르다.

탑도 나라별로 유행이 있다

이제 좀 더 깊이 들어가 나라별로 어떤 탑이 유행했는지를 알아보자.

불교가 융성했던 중국과 우리나라, 일본의 탑을 살펴보면 나라별로 탑을 만드는 재료가 제각기 달랐음을 알 수 있다. 중국은 검회색의 벽돌로 탑을 만들었으며, 우리나라는 돌로, 일본은 나무로 탑을 많이 만들었다. 물론 중국이나 우리나라에 나무로 만든 탑이 존재하지 않은 것은 아니다. 다만 탑을 만들 때 주로 활용했던 재료가 각 나라마다 달랐다는 것이다. 신기하지 않은가? 탑에도 'MADE IN KOREA' 'MADE IN CHINA' 'MADE IN JAPAN' 같은 라벨이 부착되어 있던 셈이다.

인도의 산치대탑(좌)과
중국의 전탑(우)

이처럼 나라마다 탑을 만드는 재료가 달랐던 이유는 어디에 있을까?

그것은 자연환경의 차이 때문이다. 우리 땅에는 질 좋은 화강암이 많다. 따라서 불교 전래 초기에는 나무로 탑을 만들었을지언정, 점차 쉽게 활용할 수 있는 화강암을 사용한 석탑을 발전시켰다. 반면에 중국은 평야가 넓고 황토가 지천으로 깔려 있어서 벽돌을 쉽게 구울 수 있었다. 그렇다 보니 벽돌로 탑을 만드는 기술이 발달했다. 그렇다면 일본은? 일본은 화산이 분출하여 생긴 나라이다. 따라서 흙이 벽돌을 굽기에 적당

한국의 의성탑리 5층 석탑(좌)과 일본의 법륭사 5층 목탑(우)

하지 않았다. 돌 또한 구멍이 숭숭 뚫려 있어서 조형물을 만들기에는 무리가 있었다. 이러한 연유로 나무로 만든 목탑이 많이 만들어졌다.

삼국시대의 탑

우리나라 탑에 대해 몇 가지 더 이야기를 나눠 보자. 우리나라를 '석탑의 나라', 중국을 '전탑의 나라'라고 하지만, 처음부터

돌과 벽돌로 탑을 만든 것은 아니었다. 두 나라 모두 초기에는 나무로 탑을 세웠다. 중국을 통해 불교를 수용한 삼국시대 각 나라는 중국의 영향을 받아 목탑을 주로 만들었다. 그러나 남아 있는 목탑이 현재 없기 때문에 '탑' 하면 석탑만 연상할 뿐이다. 그렇다고 목탑을 세웠던 흔적이 전혀 없는 것은 아니다. 고구려 땅이었던 평양의 청암리 절터, 정릉사 터, 대동군의 상오리 절터에서 규모가 큰 목탑의 자취가 확인되며, 신라의 수도였던 경주 땅에도 무려 80미터 높이의 장대한 목탑이 세워져 있었으니, 선덕여왕 때 세운 황룡사 9층 목탑이 바로 그것이다. 말이 80미터지, 아파트 20층에 버금가는 대형 탑이다. 요즘으로 치면 서울에 있는 63빌딩 정도 되는 경주의 명물이었을 것이다.

『삼국유사』를 보면 당나라로 유학을 갔던 승려 자장에게 신령이 나타나 "황룡사를 수호하는 용은 나의 큰아들이다. 신라에 돌아가 황룡사 안에 9층탑을 세우면 근심걱정 없이 태평성대를 누릴 것이다."라고 말했다고 한다. 그 후 자장이 신라로 돌아와 선덕여왕에게 건의하자, 여왕은 백제의 장인 아비지로 하여금 탑을 세우게 했다.

　9층으로 한 이유는 일본, 중국, 오월, 탁라(탐라), 응유(백제), 말갈, 단국(거란), 여적(여진), 예맥(고구려) 등 신라 주변 아홉 국가들을 굴복시켜 조공을 받고자 하는 간절한 염원을 담기 위해서였다. 그러나 이 탑은 아쉽게도 고려 후기에 몽고군이 침입하였을 때 불타 버려서 지금은 볼 수 없다. 다만 탑 자리에 남아 있는 초석과 경주 남산 바위에 새겨진 9층 목탑 그림을 통해서 상상해 볼 뿐이다.

　삼국시대 탑으로 현재 전하는 것은 미륵사지 석탑, 정림사지 5층 석탑, 분황사 모전석탑 정도이다. 전북 익산의 미륵사 터에 외롭게 서 있는 미륵사지 석탑은 현전하는 우리나라 탑 중에서 가장 오래되었다. 돌로 만든 탑이지만, 목탑의 양식을 고스란히 간직하고 있어서 우리나라 탑이 목탑에서 석탑으로 넘어왔음을 잘 보여 주고 있다. 자세히 살피면 돌을 나무처럼 다듬어 나무 탑 쌓듯이 짜 맞췄음을 알 수 있다.
　충남 부여에 있는 정림사지 5층 석탑은 원형 그대로 전해지고 있는 대표적인 백제탑이다. 이 탑도 미륵사지 석탑만큼은 아니지만, 목탑 형식의 흔적이 조금은 남아 있어 백제탑이 목탑에서 석탑으로 진행되었음을 알려 주고 있다.

신라 역시 돌로 탑을 쌓았다. 그러나 신라는 백제와는 달리 돌을 벽돌처럼 다듬어서 한 층 한 층 쌓아 올린 벽돌탑 형식의 석탑을 주로 만들었다. 이러한 탑을 '모전석탑(模塼石塔)'이라 한다. 모전은 '벽돌을 모방했다'는 뜻이다. 경주에 있는 분황사 모전석탑과 경북 의성군 탑리 5층탑이 이에 해당한다.

이를 보면 삼국시대의 탑에도 나라별로 고유 라벨이 붙어 있음을 알 수 있다. 즉, 같은 석탑이어도 'MADE IN 백제'가 목탑 양식을 따랐다면, 'MADE IN 신라'는 전탑 양식을 따랐다. 그렇다면 'MADE IN 고구려'는? 안타깝게도 현재 전해지는 것이 없기 때문에 고구려만의 특징을 찾기는 어렵다. 다만 평양의 청암리 절터나 정릉사 터, 대동군의 상오리 절터에서 규모가 큰 팔각 목탑이 세워졌던 자취가 확인되어 대규모 목탑이 곳곳에 있었음을 짐작할 수 있다.

통일신라시대의 탑

'MADE IN 통일신라' 탑은 어땠을까.

    통일신라시대 탑을 이야기하기 전에 먼저 이미지 연상 훈련을 해 보자. 눈을 감고 자신이 일반적으로 생각하는 탑의 이미지를 떠올려 보자.

    어떤 형태의 탑이 머릿속에 그려지는가?

    아마 모르긴 해도 대부분 '높은 기단 위의 3층 석탑', 즉 '석가탑'과 비슷하게 생긴 모양이 머리에 떠오를 것이다.

    높은 기단 위에 3층 석탑을 세우는 형식은 통일신라시대에 만들어졌다. 고구려와 백제를 멸망시키고 삼국을 통일한 신라인들은 그들의 자부심, 태평성대에 대한 염원, 그리고 고구려·백제인과 함께 어울려 살면서 조화와 균형을 유지하고자 했던 희망을 고스란히 탑에 반영했다. 그래서 탑의 아랫부분인 기단부를 안정감이 있도록 넓고 높게 만들었으며, 그 위에 3층의 탑을 우리 눈에 가장 조화롭게 보이도록 적절히 조절하여 올려놓았다.

전형적인 통일신라시대 석탑으로는 감은사지 3층 석탑, 고선사지 3층 석탑, 석가탑이 있다. 전남 구례군에 있는 화엄사의 4사자 3층 석탑은 기단부를 네 마리의 사자로 만들었지만, 이 부분만 다를 뿐 위쪽은 전형적인 통일신라시대 3층 석탑이다.

불국사에 있는 다보탑은? 이 탑은 석가탑과 같이 통일신라 전성기 시대에 만들어졌다. 하지만 통신 석탑의 기본 구조에서 벗어난 독특한 탑이다. 그 이유는? 불경 중의 하나인 『법화경』의 「견보탑품(見寶塔品)」편을 보면 쉽게 이해할 수 있다.

석가모니 이전의 과거불인 다보여래가 생전에 "내가 부처가 되어 죽은 뒤에 어디에서든지 『법화경』을 공부하는 곳이 있으면, 그 앞에 탑 모양으로 나타나 '참말로 잘하는 일이다.'라고 칭찬하리라." 했다. 그런데 나중에 석가모니 부처가 『법화경』의

석가탑(좌)과 다보탑(우)

감은사지 3층 석탑(좌)과 화엄사 4사자 3층 석탑(우)

진리를 제자들에게 말하고 있을 때, 정말로 땅에서 일곱 가지 보물로 장식된 화려한 탑이 솟아올라 왔다. 솟구친 탑이 다보여래를 상징하는 다보탑(多寶塔)이다. 이런 연유로 다보탑은 일반 탑과는 다르게 각종 보물로 화려하게 치장되어 있다.

다보탑을 불국사 대웅전 앞에 석가탑과 나란히 세운 이유는 절을 찾는 사람들이 『법화경』의 진리를 눈으로 직접 살필 수 있게 하기 위해서였다.

'MADE IN 통일신라' 석탑 양식을 벗어난 탑은 다보탑 이외에도 더 있다. 경북 경주시 현곡면에 있는 나원리 5층 석탑과 경북 안동시에 있는 7층 전탑이 그것이다. 그러나 이런 예는 소수에 불과하고 대부분은 '높은 기단 위의 3층 석탑'이다.

고려시대의 탑

이제 고려시대의 탑을 살펴보기로 하자. 모든 것에는 유행이 있듯이 석탑도 세월 따라 변해 갔다. 균형 잡힌 몸매를 자랑하던 'MADE IN 통일신라' 석탑은 신라 말기가 되면서 점차 사라지고, 그 자리를 '못생겨서 죄송합니다' 표 석탑들이 차지했다. 탑의 층수가 5층, 7층 등으로 다양해졌고, 3층으로 탑을 세우더라도 균형 감각이 전 시대에 비해 크게 떨어졌다.

신라 말기에는 지배층인 진골 귀족들 간에 피가 튀기는 왕위 쟁탈전이 벌어지면서 왕실의 권위가 땅에 떨어지고 중앙의 힘이 지방에까지 미치지 못했다. 이러한 현실에서 지방에서는 새로운 세력이 꿈틀거렸는데, 그들이 바로 '호족'이다.

호족들은 경주 중심의 문화에서 탈피하여 자신들의 권력 기반이 되는 지역을 중심으로 새로운 문화를 창출했다. 그런데 지방에서만 살다 보니 아무리 돈이 많아도 중앙의 진골 귀족들에 비해 미의식이 세련되지 못했다. 또한 무인 기질이 강해서 선호하는 문화 자체가 딱딱하고 거친 분위기를 풍겼다.

이러한 호족의 분위기가 탑에도 그대로 반영되어 조화와 균형의 미의식은 사라지고 자유분방하면서 개성적인 형태의 탑이 나타나기 시작했다. 그리고 이러한 유형의 탑들은 호족의 후예들이 이끌어 가던 고려시대 내내 지속적으로 유행했다.

한편 이러한 탑의 등장에는 선종 불교의 유행도 한몫 단단히 하였다. 신라 말기에 유행한 선종 불교는 참선을 위주로 개인의 해탈을 중시했다. 가만히 앉아서 생각을 한군데 집중해야 도를 깨우칠 수 있는 게 참선이다. 현실이 이러하다 보니 선종 불교 계통의 승려들은 불교 조형물을 만드는 데 신경을 거의 쓰지 않았다. 따라서 탑을 세우더라도 공을 들여 모양을 깔끔하게 다듬은 명품 탑을 세우기보다는 탑 형태만 대충 갖춘 '제멋대로 탑'들을 세웠다.

통일신라시대 탑이 전형적인 모범생 스타일의 '엄친아 탑'이었다면, 'MADE IN 고려' 탑은 머리를 색색으로 물들이고 헐렁한 옷차림으로 건들거리며 나돌아 다니는 힙합풍의 신세대

스타일이었다. 물론 신라 말기부터 고려시대에 만들어진 석탑들이 전부 그런 것은 아니다. 나름대로 아름다운 미의식을 지닌 탑들도 분명 존재했다. 강원도 오대산에 있는 월정사 8각 9층 석탑과 현재 국립중앙박물관 로비에 있는 경천사지 10층 석탑은 다보탑만큼이나 화려하면서도 규모가 더 웅장하여 보는 맛이 색다르다.

고려 전기를 대표하는 석탑인 월정사 8각 9층 석탑은 날씬한 8등신 미녀를 연상시킨다. 몸돌과 지붕돌의 높이에 비해서 매우 안정된 느낌을 주며, 모서리의 자연스런 반전이나 상륜부의 장식이 고려 불교 특유의 화려하고 귀족적인 면모를 잘 보여주고 있다. 다만 애석한 것은 이 탑이 중국 송나라 탑의 영향을 많이 받았다는 것이다.

원나라 탑의 영향을 받은 경천사지 10층 석탑은 고려 후기를 대표하는 탑이다. 외관이 화려하고 조각된 장식 하나하나가 빼어나게 유려하여 어디에 내놓아도 미남 소리를 들을 만한 탑이다. 그러나 이 탑은 우리 민족의 슬픈 역사를 고스란히 담고 있어서 마음을 애잔하게 한다.

경천사지 석탑이 있어야 할 곳은 북한 땅인 개성 부근의 경천사지이다. 그런데 1906년 일본의 궁내부 대신(장관)이었던 다나카가 이 탑이 아름답다는 소문을 듣고 몰래 해체하여 일본의 자기 집으로 가져갔다. 이 사실은 곧 세상에 알려졌고 지식인들을 중심으로 탑을 제자리로 보내야 한다는 여론이 일어났다. 다나카는 여론에 귀를 막고 수십 년을 버텼지만 결국 한국에 되돌려 보내야 했다. 이 탑이 해체된 채 경복궁 근정전 옆에 있는 복도에 버려진 듯이 보관되어 있다가 1960년에야 경복궁 뜰에 다시 세워졌다. 그 후 미군이 물러간 자리인 용산에 국립중앙박물관을 새로 건립하면서 박물관 안으로 이전하여 현재는 실내에 보존하고 있다.

고려 탑의 자유분방함을 한꺼번에 감상하려면 전라남도 화순군 운주사로 가면 된다. 도선 국사가 하루 밤 하루 낮 동안 천불 천탑을 세웠다는 전설이 전해지는 이곳에는 고려 탑의 다양한 형식을 알려 주기라도 하려는 듯 석탑 21기가 제각각의 모습을 뽐내고 있다.

운주사 석탑

자, 마무리하자. 고려시대 탑들은 통일신라의 전형적인 형식에서 탈피하여 다양하고 개성적인 형태를 띤다. 다만 이러한 구분이 절대적인 것은 아니다. 고려시대 탑 같은데 실제로는 통일신라 탑이거나, 통일신라 탑인데 실제로는 고려 탑인 경우도 간혹 있다. 단지 콩 선생은 시대에 따라, 혹은 시대정신에 따라 문화도 변한다는 것을 알려 주고 싶었을 뿐이다.

조선시대의 탑

마지막으로 조선시대 탑을 감상해 보자.

조선시대를 대표하는 종교는 무엇일까?

유교? 성리학?

맞다. 조선은 신유학이라고 하는 성리학을 정치 이념으로 삼고 불교를 탄압했던 나라이다. 그러다 보니 탑과 같은 불교 조형물이 많이는 만들어지지 않았다. 물론 그렇다고 해서 전혀 안 만든 것은 아니다. 많은 양의 불교 조형물이 현재까지 전하고 있다.

국가에서 의도적으로 불교를 탄압했는데 불교 조형물이 만들어진 게 도대체 이해가 되질 않는다고?

구체적인 예를 들어 보자.

전남 구례군 지리산 자락에 있는 화엄사를 가 본 적이 있나? 화엄사 내에는 장엄하게 지어진 '각황전'이 있다. 조선 후기인 숙종 29년(1703)에 지어진 건축물이다.

전북 김제의 모악산 자락에 있는 금산사에도 조선시대의 명품 건물이 있다. '미륵전'이다. 인조 13년(1635)에 건축되었다.

빼어난 아름다움을 자랑하는 탑도 있다. 원각사지 10층 석

법주사 팔상전

탑과 법주사 팔상전이다. 원각사지 10층 석탑은 3·1운동 당시 독립선언서를 낭독했던 탑골 공원 안에 있다. 단종의 왕위를 강제로 빼앗은 세조 때에 만들어진 탑이다. 그런데 이 탑은 경천사지 10층 석탑과 쌍둥이라고 할 정도로 많이 닮았다. 경천사지 석탑을 계승하여 만들었기 때문이다.

법주사 팔상전(충북 보은군)은 언뜻 보면 5층 기와집처럼 생겼다. 하지만 이 탑은 나무로 만든 목탑이다. 현재 전하는 조선시대 이전 우리나라 전통 탑 중 유일한 나무 탑이다.

전부 설명하고 나니, 질문 한 가지가 갑자기 떠오른다. 국가가 앞장서서 줄기차게 불교를 탄압했는데도 어떻게 이런 불교 조형물이 만들어질 수 있었을까?

조선시대는 숭유억불 정책을 추진하였기에 국가가 나서서 불교 조형물을 만들지는 않았다. 그러나 세종은 개인적으로 왕궁 안에 부처님을 모시고 예불을 드렸으며, 세조는 독실한 불교 신자로 서울 안에 원각사를 세웠다. 민간에서도 불교를 신봉하는 사람들이 다수 있었다. 즉, 개인적으로 불교를 믿은 사람이 왕부터 민간인까지 상당히 많았다는 얘기다.

따라서 불교가 고려시대처럼 화려하게 꽃을 피울 수는 없었지만, 명맥은 유지할 수 있었다. 국가가 나서지 않았을 뿐, 신앙심 깊은 개인들은 각 지역에 불교 조형물을 꾸준히 만들었던 것이다.

 **역사 그루터기**

10원짜리 동전과 다보탑

우선 이 이야기를 하기 전에 간단한 퀴즈를 하나 내겠다.
틀리면 간첩으로 오해받을 수 있으니 잘 생각하고 대답해라.
우리나라 10원짜리 동전 앞면에 새겨진 문화재는?
다보탑.
그래, 맞았다.

두 번째 질문이다.
10원짜리 동전은 언제 만들어졌을까?
이건 모르겠지. 상식이 풍부한 콩 선생도 지식 검색에 물어보기 전까지는 몰랐으니 너무 실망하진 마라. 1966년에 최초로 발행되었고 1983년에 도안을 약간 변경하여 지금까지 사용하고 있다 (2006년에는 크기가 작아진 신형 10원이 선을 보였지만 다보탑 도안은 그대로 유지되었다).

역사 그루터기

세 번째 질문이다.

1983년의 다보탑 도안이 기존 동전의 다보탑과 다른 점은?

이것 역시 모르겠지. 콩 선생은 이것만은 자신 있게 대답할 수 있다.

정답은 '기존 동전은 다보탑의 계단 위에 돌사자가 없고, 1983년 이후 동전부터는 돌사자가 있다.'는 것이다. 정말인지 확인하려면 1983년 이전에 만들어진 동전이 시중에 여전히 돌아다니고 있으니, 새 동전과 나란히 놓고 비교해 보아라.

그렇다면 왜 디자이너는 기존에 없던 돌사자를 새로 집어넣었을까?

다보탑을 자세히 살펴보면 의문이 풀린다. 분명 돌사자가 계단 위에 수호신처럼 앉아 있다. 본래 다보탑에는 각 면마다 하나씩 4개의 돌사자가 탑을 수호하고 있었다. 그런데 일제 강점기 시절에 3개 면의 돌사자가 분실되어 현재는 혼자만 외롭게 다보탑을 지키고 있다.

자! 이제 궁금증이 풀렸다. 옛날 동전은 돌사자가 없는 면의 다보탑을 평면적으로 그려 놓았지만, 1983년부터는 다보탑을 45° 각도로 틀어 입체화하면서 실물처럼 돌사자를 새겨 넣었다.

동전에 얽힌 이야기를 하나 더 하고 다음 주제로 넘어가자. 10원짜리 동전이 한때 사람들을 크게 웃겨 주었다. 1987년은 국민들이 직접 투표를 통하여 새 대통령을 뽑는 중요한 시기였다. 이때 대통령 후보로 김대중, 김영삼,

노태우 씨가 각축전을 벌이고 있었다. 그런데 노태우 후보 진영에서 수십만 부처를 모시면 당선이 무난하다는 말을 점쟁이로부터 듣고, 10원짜리 동전의 다보탑에 불상을 새겨 놓았다는 얘기가 진짜처럼 시중에 떠돌았다. 이 풍문은 노태우 씨가 대통령이 된 이후에도 좀처럼 수그러들지 않았다. 그러나 1983년 이후에 만들어진 동전을 자세히 들여다보면 불상처럼 보이는 것은 사실 돌사자이다. 따라서 이 설은 한낱 유언비어에 불과했는데, 사람들이 진실인 것처럼 유포시켜 많은 사람들의 입에 오르내렸던 것이다.

신라 말기에 선종이 유행했던 까닭은

선종이란?

우리나라 영화 중에 〈달마가 동쪽으로 간 까닭은?〉이 있다. 비록 흥행에는 실패했지만, 세계 영화계에 "한국 영화가 이 정도요." 하고 소리칠 만큼 명작이다. 세계 유수 영화제 중 하나인 '로카르노 국제 영화제'에서 그랑프리를 수상한 작품이니 콩 선생의 말이 결코 허풍만은 아니다.

이 영화는 첫 장면부터 예사롭지 않다. 음향 효과도 없이 검은 바탕에 "그는 진리를 묻는 제자 앞에 말없이 한 송이 꽃을 들어 보였다."라는 자막만 뜬다. 영화를 보면서 일반인들이야 "뭔 소리여?" 하겠지만, 콩 선생처럼 불교 철학에 어느 정도 눈이 밝은 사람은 이 문구만 보고도 영화의 줄거리가 대강 어떻게 진행될 것인지 짐작하게 된다.

감독이 영화의 첫 장면에 집어넣은 문구는 불교에서 '염화시중의 미소'로 알려진 것이다. 석가모니 부처가 도를 깨우친 후에 영산에서 설법을 하면서 말없이 한 송이 꽃을 손에 들어 올렸는데, 제자들 중에서 오직 가섭만이 그 뜻을 이해하고 미소를 지었다는 데서 유래한 말이다.

생각해 보라. 콩 선생이 수업 중에 교탁 위에 있는 꽃병에서 꽃을 하나 빼서 말없이 들어 올리며 미소를 지었다. 똑똑한 학생 하나가 살포시 웃으며 "나는 알고 있습니다." 하고 눈으로 말한다. 콩 선생이 기쁘지 않을 수 있겠는가?

석가모니에게 가섭이 그런 제자였다. 둘은 마음에서 마음으로 도를 전해 주고 전해 받았다. 그야말로 '이심전심'이었다.

그런데 감독은 영화의 첫머리를 왜 '염화시중의 미소'로 시작했을까? "내 영화는 이렇게 심오하오." 하는 멋 부림일 수도 있겠지만, 그것보다는 영화가 표현하고자 하는 선(禪)의 세계를 첫 장면에 압축하고 싶었던 것 같다. 이 정도 설명했으면, 이제 "아하! 그렇구나." 하면서 손뼉을 쳐야 한다. 왜냐고? 콩 선생이 지금까지 장황하게 영화 얘기를 한 것은 〈달마가 동쪽으로 간 까닭은?〉이 선종의 핵심 사상을 영화적으로 적절히 풀어 놓았기 때문이다.

선종을 만든 사람은 달마대사이다. 인도 사람으로, 6세기 전반에 중국으로 건너와 양나라 무제[54]와 불교를 논했다. 그러나 왕이 싹수가 노랗다고 여겨져서 홀로 가랑잎을 타고 양자강을 건너 소림사로 왔다. 그러고 보니 물고기와 자라를 불러내어 다리를 만들었던 주몽이 떠오른다. 달마는 가랑잎 한 장을 띄워 놓고 물을 건넜으니 어찌 보면 주몽보다 더 신통방통한 사람이다. '뻥'이 너무 심했나. 아무튼 좋다. 달마가 대단한 사람이라

54) 양나라 무제 양나라(502~557)는 중국 남북조 시대 때 강남에 건국된 남조의 세 번째 왕조로, 이 나라를 세운 왕이 무제이다.

는 것을 표현하다 보니 과장이 조금 들어갔다는 것을 인정하고 다음 이야기를 진행하자.

달마는 소림사에서 8년간 벽만 쳐다보고 수행을 했다. 그러면서 참선을 위주로 하는 불교 종파를 새롭게 창시했다. 이 종파를 '선종'이라고 한다. 현재 우리 머리에는 소림사 하면 무술만 떠오르지만, 소림사 권법도 달마가 참선 수행의 한 방법으로 활용했던 것이라고 한다.

그렇다면 '선종'이란 무엇인가?

선종은 경전 속의 복잡한 교리를 떠나 참선을 통한 깨달음을 강조한 종파였다.

'석가모니가 언제 책을 갖고 깨달음을 얻었냐? 가섭은 경전의 이해를 통해 부처의 마음을 안 것이 아니다. 이심전심으로 도를 터득했을 뿐이다.' 라고 주장하며 진리의 본질을 깨우치는 방법으로 '참선'을 강조했던 파가 선종이다. 이 종파의 진리 탐구를 잘 보여 주는 이야기가 하나 있다.

중국 선종의 6대 계승자였던 혜능선사는 일자무식 까막눈이었다. 혜능에게 어떤 학자가 불경을 들고 와 물었다.

"이 부분을 이해할 수가 없습니다. 스님께서 가르침을 주십시오."

혜능이 뭐라고 했겠는가? 콩 선생 같으면 쫄아서 "나는 글을 모르오." 하고 우물거렸을 거다. 하지만 혜능은 달랐다. 그가 누구인가? 달마의 법을 정통으로 계승한 대선사가 아닌가?

혜능은 당당하게 대답했다.

"나는 글자를 모르니, 자네가 그 부분을 읽어 보게. 그럼 내가 가르쳐 주겠네."

학자는 어이가 없다는 표정으로 물었다.

"아니 글도 모르시면서, 그 뜻은 어찌 아신단 말씀입니까?"

그제야 선사는 하늘에 뜬 달을 손가락 끝으로 가리키면서 나직하게 말했다.

"달을 가리키는데, 손가락 끝은 왜 보시는가?"

"뭔 귀신 씻나락 까먹는 소리여!" 하는 사람이 있을 테니 설명을 조금 덧붙여 보자. 여기서 달은 진리, 본래의 모습을 뜻

한다. 손가락은 그 진리를 담은 경전이니, 이미 달을 본 사람에게 손가락이 무슨 소용 있겠는가? 혜능은 비록 글은 몰랐지만, 진리 그 자체를 이미 깨닫고 있었던 것이다. 이 책을 보는 당신은 어떠한가? 달을 가리키면 달을 보겠는가? 손가락 끝을 보겠는가? 콩 선생은 아직도 문자의 그물에서 벗어나지 못해 손가락 끝에서 놀고 있다. 어허! 한심한지고.

　아무튼 이러한 선종이니 스승과 제자의 관계도 '교종'과는 달랐다. 교종은 불경의 내용을 가르치고 배우면서 스승과 제자 관계를 맺었지만, 선종은 문자를 앞세우지 않았으니 스승의 마

가지산 보림사는 선종의 대표적 사찰이다.

보림사 내 철불

음에서 제자의 마음으로 법이 전수되었다. 따라서 선종에서는 스승과 제자의 관계를 무척 중시했다. 어찌 보면 선종은 부처보다 자신에게 법을 전해 준 스승을 더 중시했다.

스승이 돌아가신 후 그를 흠모하는 마음에서 사리를 모아 조형물을 만들어 모셨으니, 이게 바로 승탑이다. 신라 말기에 선종이 유행하면서 탑이나 불상과 같은 불교 조형물들은 대부분 쇠퇴했다. 하지만 승탑은 오히려 이때부터 화려하게 만들어지기 시작했다. 그 배경이 바로 여기에 있다.

선종을 특징짓는 언어로 '불립문자(不立文字)' '교외별전(敎外別傳)'이 있다. '문자를 세우지 않으며, 경전 밖에 따로 전함이 있다.'는 뜻으로 마음에서 마음으로 깨우침을 얻어야 한다는 말이다. 물론 여기서 문자를 세우지 않는다는 것이 정말 말이나 글을 쓰지 않는다는 것은 아니다. 교종에서 중시하는 경전에만 의지하여 깨달음을 얻으려 하지 말고 참선을 통해 깨달음을 얻으라는 의미에서 나온 말이다.

선종의 전래와 유행 시기

선종은 우리나라에 언제 들어왔으며, 어떻게 유행하였을까?

선종이 전래된 것은 신라가 삼국을 통일하던 무렵인 신라 중대였다. 그러나 신라의 최전성기였던 중대에는 교종이 유행하고 있었기에 선종은 기를 펴지 못했다. 그러다가 신라 말기에 지방 세력의 성장과 함께 유행하기 시작했다.

말이 나온 김에 교종에 대해서도 잠깐 살펴보자. 교종은 경전의 해석을 통한 대중 교화를 중시했던 불교 종파로 신라 중대에 5개 종파가 크게 유행하였다. 이를 교종 5교라고 하니, 열반종(보덕), 계율종(자장), 법성종(원효), 화엄종(의상), 법상종(진표)이 바로 그것이다. 특히 화엄종은 원융사상을 바탕으로 왕실의 적극적인 후원을 받으며 최대 종파로 성장할 수 있었다.

그러나 신라 말기로 접어들면서 사회는 급속히 혼란해졌다. 이러한 과도기에 선종은 지방에서 새롭게 성장하고 있던 호족 세력과, 진골 위주의 사회 현실에 불만이 많았던 6두품 세력의 지원을 받으며 그 교세를 점차 키워 나갔다. 복잡한 교리를 떠난 참선 위주의 단출한 수행법은 기존의 교종 체제를 뒤엎는 혁신적인 방법이었고, 지방에서 새롭게 대두하여 신라 정부의 기존 권위를 부정했던 호족의 성향과 맞아떨어졌다. 여기에 어려운 교리 공부를 안 하고도 깨우침을 얻을 수 있다는 선종의 공부 방향은 지방에서 성장하여 중앙의 진골 귀족들에 비해 문자에 약했던 무인 기질의 지방 호족들에게 매력적으로 다가왔다.

이처럼 선종은 신라 말기에 지방 각 지역에서 세력을 확산하며 9산 선문(선종 9산)으로 발전했다. 그런데 재미있게도 신라 중대를 풍미했던 교종 계통의 사찰들은 지금의 교회처럼 경주를 중심으로 도시 근처에 있었던 데 반하여 선종 사찰들은 대부분 산속 깊은 곳에 자리를 잡았다. 대중 교화보다 참선을 중시했기에 속세와는 멀리 떨어진 조용한 곳을 수행 장소로 삼았던 것이다.

발해 역사가 어쨌기에?

위태로운 발해사

"아, 참 좋은 울음터로다. 가히 한번 울 만하구나!"

『양반전』과 『허생전』으로 유명한 조선시대 문장가 연암 박지원이 200여 년 전 압록강을 건너 만주 벌판을 처음 보면서 내지른 탄성이다.

연암의 말을 들은 일행들이 비난을 의아해했다.

"천지 넓은 땅에 와서 울고 싶다는 게 웬 말이오."

연암이 말했다.

"사방에 도무지 한 점의 산도 없이 하늘 끝과 땅 변두리가 맞닿은 곳에 오가는 비구름만 창창할 뿐이니, 어찌 울 만한 곳이 아니겠소?"

어디 연암뿐이겠는가. 만주 벌판의 넓은 땅은 우리에게 '저곳이 지금도 우리 땅이었으면?' 하는 아쉬움을 주는 꿈의 전당이다.

발해가 망하기 전인 10세기 전반까지만 하더라도 만주 벌판은 우리 민족이 말달리던 생활 터전이었다. 아주 먼 옛날 우리 선조들은 몽고고원에서 보부도 당당하게 흥안령 산맥[55]을 넘어와 "여기다!" 외치면서 만주 벌판을 자신들의 영역으로 삼고 고구려, 발해까지 이어 왔다. 그러나 아쉽게도 지금의 만주 벌판은 중국 땅으로, 현재 중국인들은 발해는 물론이고 고구려마저도 우리 민족의 국가로 인정하지 않으려는 분위기다.

55) 흥안령 산맥 중국 내몽고 자치구 동부에서 흑룡강성 북부에 위치한 커다란 산맥. 우리 민족의 조상이 이 산맥을 넘어 만주와 한반도로 들어왔다.

발해의 수도
상경성 복원도

2000년대 이전까지 중국 학계에는 고구려에 대하여 세 가지 입장이 존재했다.

첫째, 고구려는 한민족의 국가이므로 한국사에 포함해야 한다.

둘째, 고구려는 중국사에 포함해야 한다.

셋째, 5세기 전반 장수왕이 평양으로 수도를 옮기기 이전에는 중국사이고, 이후는 한국사로 취급해야 한다.

그런데 2000년대 이후 중국의 역사학계는 "수도를 옮겼다고 국가의 성격이 변하지는 않는다."고 주장하면서 고구려사 전체를 중국사에 포함시켜 연구하고 있다.

우리 입장에서 보면 정말 어처구니가 없는 일이 아닐 수 없다. 단지 현재 자신들의 땅이라고 종횡무진 만주를 누비던 고구려 사람들의 역사를 자기들 역사로 포함하려 하다니, 참으로 후안무치한 행동이다. 고구려사를 이리할진대, 그 이후에 건국된 발해사는 말해 무엇 하랴?

중국은 왜 발해를 자국의 역사에 편입시키려 하는가?

우리는 지금 이 순간에도 발해를 우리 민족이 세운 국가로 믿어 의심치 않고 있다. 그러나 중국은 발해사를 역사적 관점으로 해석하지 않고 자신들이 점유하고 있는 땅에 세워졌던 나라라는 이유만으로 '당나라의 지방정권'으로 편입시켰다. 즉, 우리는 과거의 역사적 사실에 입각하여 발해사를 우리 역사로 인식하지만, 중국은 발해 사람들이 살았던 땅이 현재 자기들의 영토 안이었음을 중시하여 발해사 전체를 자기들 역사 속에서 이해하려 한다. 양국의 견해가 이처럼 다른 이유는 하나 더 있다. 우리는 역사를 지배층 중심으로 보는 전통적 시각에서 파악하는 데 비해, 공산주의 국가인 중국은 마르크스주의[56]에 입각한 유물사관[57]의 입장에서 역사를 피지배층 중심으로 파악하기 때문이다.

설명이 어렵다고? 그러면 좀 더 쉽게 말해 보자.

발해가 단일민족국가였다면 별 문제가 없었을 것이다. 그런데 발해는 여러 계통의 종족들로 이루어져 있는 다민족국가이다. 특히 소수의 고구려계가 다수의 말갈인과 함께 공동으로 나라를 만들었다. 백성의 대다수가 말갈족이었는데, 말갈족은 후에 여진족이라 불린 민족이지만, 지금은 한족에 동화되어서 만주족으로 불리고 있다. 그래서 유물사관의 측면에서 판단한다면, 발해는 중국 쪽의 견해처럼 '당의 지방정권'이라 해도 할 말이 없다.

"어! 콩 선생이 실수하고 있네."라고 말하지는 마라. 중국 쪽 관점에서 보면 그렇다는 얘기지, 콩 선생이 그렇게 생각하는

56) 마르크스주의 칼 마르크스(1818~1883)에 의해 세워진 철학 체계로 공산주의 사상의 기본 골격을 세우는 데 큰 도움을 주었다.

57) 유물사관 인류의 역사는 계급투쟁이 근본이 된다는 역사관. 공산주의 역사관의 핵심 사상이다.

것은 절대 아니다.

콩 선생의 판단으로는 아무리 중국이 뭐라고 해도 발해는 분명 우리 민족의 국가였다.

확신할 수 있느냐고? 당근이다.

발해가 우리 민족의 국가였다는 것을 주장할 수 있는 근거는 충분하니 걱정일랑 확 붙들어 매시라.

우리 민족이 세운 국가, 발해

우선 발해의 역사를 간단하게 살펴보자.

발해는 698년에 고구려 후예인 대조영이 현재 중국 길림성 돈화현 부근에 있는 동모산 자락에 세운 나라이다. 698년이면, 고구려가 멸망한 지 딱 30년이 되던 해이다. 고구려의 멸망 이후 고구려 사람들은 이곳저곳에 뿔뿔이 흩어져 당나라의 지배를 받으며 살았다. 이러한 시기에 대조영은 고구려의 부활을 외치며 사람들을 끌어 모아 새 나라를 세웠다. 그 후 3대 문왕 때

국가 운영의 기틀을 확립하여 나라 발전의 초석을 다졌고, 10대 선왕 때에는 최전성기를 구가하여 중국에서 '해동성국(海東盛國: 바다 동쪽의 번성한 나라)'이라고 부를 만큼 크게 번성했다.

발해 국민은 지배층을 형성했던 소수의 고구려인과 다수의 피지배계층인 말갈인으로 구성되었었다. 이러한 이원적 민족 구성의 취약점은 나중에 거란족에 쉽게 멸망당하는 원인으로 작용하였다. 즉, 발해의 구성원이던 거란족이 반란을 일으켰을 때, 지배층은 변변한 저항 한번 제대로 못하고 허망하게 무너져 버렸다(926년).

그럼 지금부터는 발해를 '한민족의 국가'라고 주장할 수 있는 구체적인 근거를 차근차근 이야기해 보자.

첫째, 발해를 세운 대조영은 고구려계 사람이었다.
중국 당나라의 역사를 기록한 『구당서』에 "본래 고구려의 또 다른 종이다(本高麗別種)."라고 나와 있으며, 『오대회요』에도 '고

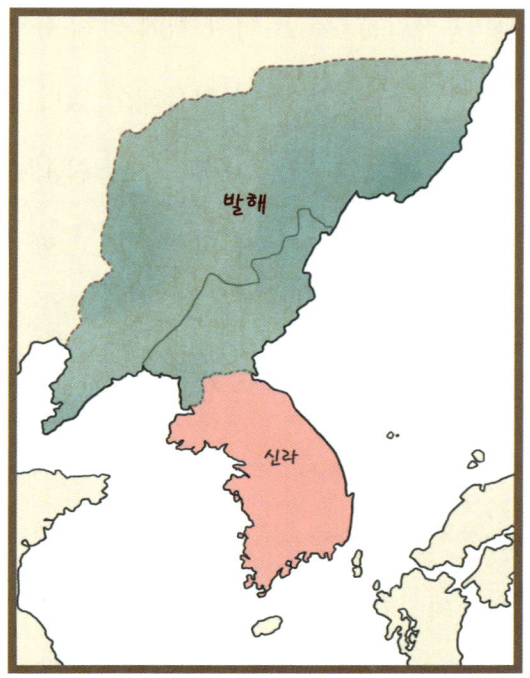

발해 영역도

려종(高麗種)'으로 기록되어 있다. 이로 보아 발해의 건국자 대조영이 고구려계 사람이었다는 것은 중국 역사가도 인정한 움직일 수 없는 사실이다.

둘째, 비록 소수였지만 지배층이 고구려인이었다.

발해가 일본에 파견한 사신 85명 중 26인이 고구려식 이름을 썼고, 6명만 말갈계 이름을 사용했다. 또한 남송시대에 편찬

된 『송막기문(松漠紀聞)』이란 책에 발해 유력 귀족의 성씨로 '고(高), 장(張), 양(楊), 이(李)' 등이 기록되어 있다. 특히 고씨가 제일 많다고 기록해 놓은 걸로 보아 지배층의 다수가 고구려인이었음을 알 수 있다. 고씨면 주몽의 후예라고 할 수 있지 않겠는가?

셋째, 발해 국왕 스스로가 일본에 보낸 국서에 고려 국왕임을 자처하고 있고, 일본 역사서에 발해가 초기에 '고려'라는 국명을 사용했음을 적고 있다. 이는 발해가 고구려를 계승하고자 하는 의지가 분명했음을 보여 주는 사례이다.

발해 석등

넷째, 발해 문화는 고구려 문화를 바탕으로 당나라 문화를 수용하여 발전했다. 이러한 이유로 발해 문화에는 고구려적 요소가 많이 보인다. 온돌장치, 기와, 돌방무덤, 석등이 고구려의 영향을 받았음을 증명하고 있다.

어때! 이 정도면 중국 애들이 뭐라고 말하든 당당하게 "발해는 한민족의 국가야." 하고 말할 수 있겠지? 앞으로 또다시 발해를 '당나라의 지방 정권'이라고 말하면, 조목조목 근거를 대며 코를 납작하게 만들어 주자.

발해 멸망이 우리에게 주는 교훈

그런데 발해사에는 우리 민족의 입장에서 조금 낯간지러운 문젯거리가 존재한다. 발해와 신라의 사이가 별로 좋지 못했다는 점이다. 같은 민족이 세운 나라지만, 발해와 신라는 남과 북으로 갈라져서 200년 이상을 대립했다. 심지어 8세기 전반에는 당의 이간질 속에 서로 전쟁까지 했고, 당이 외국인을 위해서 만든 과거인 빈공과에서 서로 자국인을 1등으로 삼아 달라고 치열한 외교전까지 펼쳤다. 그렇다고 양국이 사절 교환을 전혀 하지 않은 것은 아니었다. 발해에서 신라로 가는 무역로가 있었고, 양국의 사절이 이 길을 이용하여 오고 가기도 했다.

다만 여기서 말하는 것은, 같은 민족으로서 친하게 지냈어야 할 양국이 서로 지나치게 견제하다 보니, 당나라에 약점이 잡혀 당나라만 이롭게 해 주었다는 것이다. 당나라는 사이가 나쁜 양국 관계를 적절히 이용하여 자국의 이익을 취하는 이이제이(以夷制夷) 정책으로 이익을 극대화했다. '이이제이'란? 오랑캐로써 오랑캐를 제압하는 중국의 전통적인 외교술로, 주변국들이 서로 경쟁하도록 적절히 부추겨 중국의 이익을 극대화시키는, 손도 대지 않고 코 푸는 식의 외교 전술이다.

그러고 보니 우리는 현재도 중국이나 미국 쪽의 이이제이 전술에 놀아나는 것 같다. 발해와 신라의 관계를 보면 오늘날 남과 북의 현실이 떠오른다. 같은 민족이면서도 양국으로 갈라져 대립하면서 중국이나 미국 쪽 눈치만 살피고 있으니 말이다.

우리 민족은 발해와 통일신라의 관계에서 분단국가의 아픔을 충분히 겪었다. 그때의 상황을 되새김질하여 지금의 현실에 반영한다면, 예전과 똑같은 시행착오를 겪지 않아도 된다. 역사

러시아 니콜라예프카에
남아 있는 발해 성터 유적

속에 미래가 있다고 콩 선생이 누누이 강조하지 않았던가? 우리에게 통일에 대한 의지가 없다면 우리 또한 발해처럼 허무한 종말을 보지 않는다고 그 누가 장담할 수 있으랴?

서울에서 평양까지, 통일을 꿈꾸며

우리 민족의 앞날에 대한 해답은 발해의 멸망에 다 나와 있다. 이제는 실천만이 남았을 뿐이다.

이쯤해서 장콩 선생의 애창곡을 공개해야겠다. 흔히들 애창곡을 '십팔번'이라고 하는데 될 수 있으면 '십팔번'이란 말은 쓰지 말자. '십팔번'은 우리나라 판소리 정도에 해당하는 일본의 전통극인 가부키에서 유래한 말이다. 가부키는 여러 장으로 구성되어 있는데, 장이 바뀔 때마다 간단한 단막극을 공연한다. 단막극에는 '광언(狂言) 십팔번'이라 부르는 18개의 인기작이 있는데, 가장 인기 있었던 것이 18번째 극이었고 관객들은 가부키 배우들이 단막극을 하려 하면 "18번! 18번!" 하면서 18번째 극을 하도록 유도했다. 여기서 유래된 말이 '십팔번'이다. 그러니 일본적 색채가 짙은 '십팔번'보다는 '애창곡' 정도로 쓰는 것이 좋을 것 같다.

아무튼 콩 선생은 워낙 음치에 박치라서 노래방 한번 못 가는 신세이지만, 혼자서 자주 흥얼거리는 애창곡이 있으니 가수 신형원이 부른 〈서울에서 평양까지〉이다.

서울에서 평양까지 택시요금 5만원

소련도 가고 달나라도 가고 못 가는 곳 없는데

광주보다 더 가까운 평양은 왜 못 가

우리 민족 우리네 땅 평양만 왜 못 가

경적을 울리며 서울에서 평양까지

꿈속에라도 신명나게 달려 볼란다

분단 세력 몰아내고 통일만 된다면

돈 못 받아도 나는 좋아 이산가족 태우고 갈래

돌아올 때 빈 차걸랑 울다 죽은 내 형제들

묵은 편지 원혼이나 거두어 오지

경적을 울리며 서울에서 평양까지

꿈속에라도 신명나게 달려 볼란다

콩 선생이 애창곡을 이 노래로 정한 이유는 '척하면 삼천리'다. 왜냐고 절대 묻지 마라. 입만 아프니까.

서울에서 평양까지 직선거리로 약 220킬로미터이다. 서울에서 광주까지 270킬로미터 정도 되니, 분단이 되어 갈 수 없는 땅인 평양이 쉽게 오갈 수 있는 광주보다 더 가깝다. 1995년에 발표된 이 노래에서는 '택시 요금 5만원'이라고 했지만, 지금 기준으로 20만 원이 조금 넘게 나온다고 한다. 물론 이 요금도 광주 갈 때 드는 금액보다는 적다.

유유히 발해 지역을 관통하는 대릉하의 모습

통일로 가는 길이 아무리 멀고 험하더라도 진한 동질감을 지닌 한 민족이기에 서로 포용하고 화해하면서 반드시 통일을 이뤄 내야 한다. 그것만이 우리 민족이 주변 강대국들의 틈바구니에서 당당하게 제 목소리를 내면서 살 수 있는 길이다.

1990년대 초반 10대들의 우상이었던 서태지는 노래 〈발해를 꿈꾸며〉를 통해서 우리 민족이 나아가야 할 통일 방안을 아주 적절하게 밝히고 있다.

진정 나에겐 단 한 가지 내가 소망하는 게 있어

갈려진 땅의 친구들을 언제쯤 볼 수가 있을까

망설일 시간에 우리를 잃어요

한 민족인 형제인 우리가 서로를 겨누고 있고

우리가 만든 큰 욕심에 내가 먼저 죽는 걸

진정 너는 알고는 있나 전 인류가 살고 죽고

처절한 그날을 잊었던 건 아니었겠지

우리 몸을 반을 가른 채 현실 없이 살아갈 건가

치유할 수 없는 아픔에 절규하는 우릴 지켜 줘

시원스레 맘의 문을 열고 우리가 나갈 길을 찾아요

더 행복할 미래가 있어 우리에겐

언젠가 나의 작은 땅에 경계선이 사라지는 날

많은 사람이 마음속에 희망들을 가득 담겠지

난 지금 평화와 사랑을 바라요

젊은 우리 힘들이 모이면 세상을 흔들 수 있고

우리가 서로 손을 잡은 것으로 큰 힘인데

우리 몸을 반을 가른 채 현실 없이 살아갈 건가

치유할 수 없는 아픔에 절규하는 우릴 지켜 줘

갈 수 없는 길에 뿌려진 천만인의 눈물이 있어

워! 나에겐 갈 수도 볼 수도 없는가

저 하늘로 자유롭게 저 새들과 함께 날고 싶어

우리들이 항상 바라는 것 서로가 웃고 돕고 사는 것

이젠 함께 하나를 보며 나가요

발해의 옛 터전이자 우리 민족의 연해주 이주 첫 거주지인 지신허 마을이 있었던 곳임을 알리는 표지석. 연해주를 방문한 가수 서태지가 세워 놓았다.

콩 선생이 꿈꾸는 우리 민족의 통일 방안과 미래상이 이 노랫말 속에 다 들어 있다. 발해의 역사를 공부한 지금, 우리는 현재 우리 민족의 최대 희망인 자주적 평화 통일을 다시 한 번 곱씹어야 한다. 우리 민족의 찬란한 미래는 통일 속에서 찾아온다.

장콩 선생과 역사를 공부한 여러분들이 서로 힘을 합하여 자주적 평화 통일의 주춧돌이 되어 주길 바란다.

꿈에도 우리의 소원은 '평화 통일'이다.

장콩 선생의 우리 역사 이야기 1

펴낸날	초 판 1쇄	2004년 9월 13일
	초 판 16쇄	2011년 8월 30일
	개정판 1쇄	2011년 12월 26일
	개정판 11쇄	2023년 5월 23일

지은이 장용준
펴낸이 심만수
펴낸곳 (주)살림출판사
출판등록 1989년 11월 1일 제9-210호

주소 경기도 파주시 광인사길 30
전화 031-955-1350 팩스 031-624-1356
홈페이지 http://www.sallimbooks.com
이메일 book@sallimbooks.com

ISBN 978-89-522-1655-7 13900

살림Friends는 (주)살림출판사의 청소년 브랜드입니다.

※ 값은 뒤표지에 있습니다.
※ 잘못 만들어진 책은 구입하신 서점에서 바꾸어 드립니다.